1

DISEQUILIBRIUMS
Los Individuos

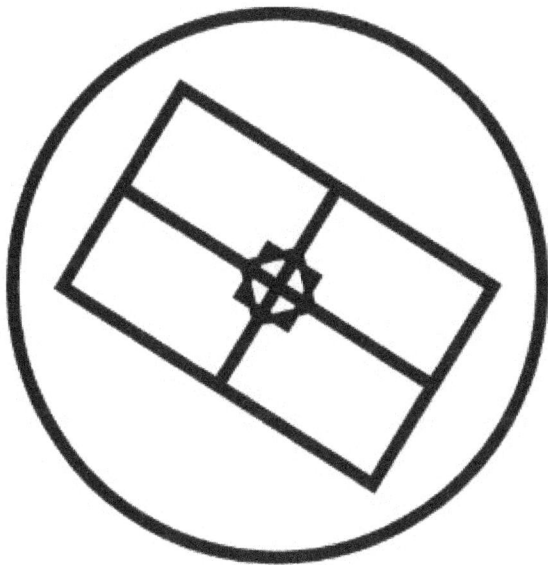

Glen Lapson

Publica: Fundación ECUUP

2017 Glen Lapson
Derechos exclusivos de edición:
© 2017 Fundación ECUUP
Cinco de Marzo 16, planta 2, 50004, Zaragoza, España
www.fundacionecuup.org
Corrección de estilo: Miguel Angel López Millán
Dibujo de portada: Joaquín Macipe Costa

ISBN: 978-84-949020-0-0

Este libro es parte del proyecto: www.disequilibriums.com/

Nota del escritor: la palabra *Disequilibriums* es una licencia
literaria para la obra. En inglés, el plural de
Disequilibrium es *Disequilibria*. Durante la
novela se explica la razón de la elección.

Para ti
Que estás siempre buscando el equilibrio en tu ciudad

En su expansión geográfica y ansia de poder, Roma busca un sitio donde pueda construir una ciudad sagrada, un sitio donde se cumplan unas condiciones especiales, un sitio que represente el origen del cosmos en la Tierra y donde se consiga el equilibrio de los cuatro elementos de la naturaleza: tierra, agua, aire y fuego.

Encontraron ese lugar en Hispania y el 23 de diciembre del año 14 a. C. fundaron una ciudad allí. Sus gentes han conseguido unas características especiales porque siempre se ha mantenido el equilibrio que diseñó Roma.

Pero en el año 2016 ese equilibrio se está rompiendo.

CAPÍTULO 0

Viernes, 23 de diciembre de 2016
Hora: segundos antes del amanecer

El viento cambia de dirección, la veleta se mueve. Ha estado parada durante una hora, pero en este momento vuelve a su actividad normal. Si fuera una persona pensaría que realmente no hace mucho esfuerzo porque normalmente solo apunta en una dirección; se preguntaría sobre la razón de su existencia ya que, al cabo del año, apenas se mueve o está parada.

Cualquiera que haya viajado sabría que realmente no está quieta.

La mayor parte del tiempo apunta hacia el noroeste, el resto se posiciona mirando al sureste. Es realmente una veleta muy activa.

Pero lo que la propia veleta se preguntaría es la razón de por qué está allí.

El edificio, remodelado a principios del siglo XX, presenta una fachada como si de una obra de arte se tratara. Por encima de los pisos, en la misma esquina del cruce de las calles, alguien decidió instalar un pequeño torreón, y, sobre él, una veleta. Es de color oscuro y tiene representados los cuatro puntos cardinales en dos niveles debajo de ella. En el primero hay dos barras perpendiculares de hierro forjado apuntando en las direcciones pertinentes con las letras iniciales soldadas verticalmente en los extremos. En el segundo nivel por debajo se puede ver una circunferencia horizontal del mismo color que la veleta.

Pocos ciudadanos de Zaragoza son conscientes de la existencia de esa veleta en el cruce de la calle Don Jaime I y la continuación de la calle Mayor, llamada Espoz y Mina.

Tampoco hoy, los que caminan en el cruce de las calles elevan la vista para fijarse en ella.

Es temprano, está amaneciendo, solo dos personas están andando por esa esquina. Un señor se ha quedado parado mirando hacia el este a la hermosa torre de la iglesia de La Magdalena mientras las primeras luces del alba la iluminan desde la parte alta.

De pronto su mirada baja para fijarse en un grupo de jóvenes que viene corriendo hacia él. Se les ve muy agitados, van gritando entre ellos.

El grupo llega enseguida a la esquina. Son tres chicos y dos chicas. Un chico y una chica van de la mano. Unos y otros se gritan entre sí. El hombre solo llega a entender algo sobre si es la hora exacta a la que tenían que llegar.

Rápidamente miran el reloj, acuerdan que es correcta. En ese momento uno de los jóvenes extrae un instrumento de música y toca una melodía. Los demás se paran, miran alrededor. Las pocas personas que pasaban en ese instante se quedan quietas observando a los jóvenes. Justo cuando llega el final de la melodía, comienzan a aparecer una serie de ráfagas de luces provenientes del centro del cruce. De pronto el viento sopla con más fuerza. A medida que el joven toca la música, las luces se hacen más luminosas y el viento se intensifica. El chico mira mientras sigue tocando, el resto no dejan de observar al centro. Entre miedo y admiración, comienzan a cambiar la posición como si se prepararan para algo. El hombre sigue observando, no se ha movido ni un milímetro de la posición en la que estaba. Su vista está fija en el grupo, los brazos caídos, el cuerpo medio encorvado y la boca abierta.

Cuando el joven deja de tocar el instrumento, se abre en el centro del espacio entre las calles un portal oscuro con pequeñas luces que giran alrededor, en espiral, hasta perderse en el interior, hacia el vacío. Sin decirse nada entre ellos, comienzan a saltar en él uno a uno, desapareciendo en sus profundidades.

En ese momento el joven que iba de la mano de la chica, se desequilibra y ambos se sueltan. El chico cae fulminado, se golpea la cabeza en el suelo y permanece en la acera. A la chica se le oye gritar el nombre del joven estirando el brazo hacia su amigo mientras desaparece en el portal.

Inmediatamente el portal se cierra, las luces desaparecen, el viento se calma.

El señor que había estado observando la escena junto con una señora que se pasaba por allí, gritan, gesticulan pidiendo ayuda, llamando a la policía, mientras el joven permanece tumbado en el suelo. Nadie lo mira. Nadie lo atiende.

Si alguno de los presentes hubiese mirado hacia arriba, al edificio de la esquina, habría visto que, al cerrarse el portal, una figura que había estado observando toda la escena desde detrás de la cortina del octavo piso, había dejado de mirar y se había retirado al interior del apartamento.

CAPÍTULO 1

Diez días antes…

Son rectángulos, cuadrados, pentágonos, todos unidos por algún vértice y en cualquier dirección. Cada uno de un color diferente, pero todos tienen los lados del mismo grosor, igual que el del mango de una raqueta de tenis. Cada figura geométrica tiene mi altura. Miro a todos lados y veo cientos, miles, todos dentro de un espacio negro que no adivino a ver el final. Me lanzo de unos a otros balanceándome agarrada por los vértices.

¡Allá voooy!

Me siento volando dentro de este espacio infinito. Estoy vibrando, como si fuera una de los miles de burbujas de agua de olla presión que saltan, explotan, viven y mueren en cuestión de décimas de segundo. Pero todas allí, en un espacio reducido, limitadas por el agua caliente que tienen debajo y la tapa de acero inoxidable que no les deja ver el cielo. Yo tengo más libertad que ellas, nada me limita, aunque tampoco puedo ver el cielo. Simplemente porque no lo hay. Estoy en mi sueño. ¡Cómo me gusta!

Veo un octógono a mi derecha y, agarrándome fuertemente a los vértices del triángulo en el que estoy colgada ahora, me balanceo hacia atrás y, con todo el impulso, suelto mi cuerpo entero hacia adelante, hacia el nuevo destino. Otra vez voy a por otro objetivo.

Pero… ¡Noooo!… no llego, está muy lejos. Estoy muy nerviosa. Mi cuerpo atraviesa el espacio, pero sin control. No puedo creerlo, he calculado mal. Me acerco, me acerco… pero no.

¡Aaaahhhh! ¡Me caigoooo!

¡Ay! Mi espalda se ha dado contra un cuadrado que estaba orientado hacia arriba. Qué daño… pero solo en la espalda. No siento las piernas. Sigo cayendo. Mi pierna derecha se ha chocado con un lado del hexágono que había debajo. No he sentido nada. Estoy muy nerviosa. ¿Me he quedado paralítica?

Sigo cayendo. El corazón me late a mil por hora. No paro de transpirar. No veo nada, solo líneas a los lados y… oscuridad.

No puedo más. Grito ¡PAPÁ!

No me responde. Sigo cayendo. Mi cuerpo se ha golpeado con todo lo que se encuentra. ¡PAPÁ! ¡PAPÁ!

¡Aaaayyyyy! Las lágrimas ni siquiera mojan mis mejillas. Las veo hacia arriba, se van quedando en el camino mientras mi cuerpo desciende a una velocidad incontrolada.

¡PAPÁ! ¡PAPÁ!

Papá no está.

Es verdad. Ya no está. Hace tiempo que no está.

De pronto, mi compañero de pupitre se me acerca al oído y me susurra:

—Sofía, ¿tú entiendes algo de lo que está contando?

Me había distraído mirando por la ventana de la clase hacia el bosque que hay enfrente con el mismo pensamiento que me viene desde hace algo más de un año. No consigo controlarlo. Me froto los ojos para tranquilizarme como hago siempre y me giro como sonámbula hacia mi compañero. No es la primera vez que me pasa en clase de Historia, pero esta vez queda claro que no solo a mí me parecía aburrida la clase hoy.

—No,... no sé de qué está hablando —le contesto a Erik para no ser descortés.

Aunque no solo es por no ser descortés, también es que no responder al chico con el que has empezado a salir hace siete días y ha decidido sentarse en clase junto a ti, me parece mal.

Erik es alto, pelo corto rubio y piel muy blanca. Nació en una ciudad pequeña al norte de Suecia. Tiene cuerpo de atleta. Cualquiera pensaría que es el típico sueco esquiador que ves en televisión dando saltos de esquí el día 1 de enero por la mañana, cuando te levantas tras la fiesta de la noche anterior. Pero no, su único deporte es el fútbol y por eso ha intimado muy bien con el resto de chicos de clase. Ha venido al instituto en septiembre para este curso escolar, desplazado desde su país.

Sus padres también son suecos y trabajan en una empresa de energías renovables que tiene una filial en España. Habían aceptado Zaragoza donde no faltaba el viento y el sol. Además, según les dijeron, era mejor que Madrid o Barcelona porque era una ciudad más tranquila, bien comunicada y les habían hablado muy bien de la gente.

Hay dos cosas que realmente me cautivaron de Erik. La primera fue su sonrisa. No era vulgar, no era forzada, sino una sonrisa natural y, sobre todo, lo que más valoro, es que es sincera. No sé si soy rara, pero ya estoy cansada de esa gente que te sonríe solo porque les han dicho que tienen que hacerlo, o por conseguir algo de ti. Prefiero que no me sonrían, no me gusta que se use como una herramienta de manipulación, la sonrisa es algo nuestro y tiene que expresar algo que sentimos. Erik, no sonríe muchas veces, pero cuando lo hace… me encanta.

Y lo segundo que me impactó es su afición a la música. Creo que toca casi todos los instrumentos de viento que conozco. Supongo que todos lo que viven en los países nórdicos tienen que tener alguna afición especial, porque en invierno, si no hay luz, poco podrán hacer, especialmente él, que vivía en Sundsvall, muy al norte de Estocolmo. Erik entiende de todo tipo de música, valora toda, como él dice: «No toda llena mi alma, pero todas me hacen sentir». Aunque le gustan canciones de casi todos los géneros, tecno, pop instrumental, solistas e incluso *heavy metal,* si tiene que elegir algo como preferido siempre se decantará por el jazz. El hecho de que el saxofón fue el primer instrumento que aprendió cuando era pequeño y no ha dejado de practicar, le ha hecho sentir mucho más en ese tipo de música.

Lo único que no llevo muy bien es eso de tener novio. Tengo amigos con los que me he relacionado siempre estupendamente, pero esta es la primera vez que he aceptado salir con un chico. No es que Erik no me gustara, al contrario; es más un tema social. No estoy acostumbrada y no tengo muy claro que a mi edad me pueda comprometer ya con una persona.

Pero todo esto deja de ser importante cuando me fijo en la profesora de Historia.

¡Qué poco me gusta mirarla!

La sorpresa del primer día de curso todavía me está durando, menuda situación ocurrió.

Después de la primera clase, nuestro tutor, un señor mayor con traje y corbata al estilo antiguo, se quedó esperando para presentarnos a la nueva profesora de Historia. La anterior, que todos querían mucho, se jubiló el pasado verano después de estar más de treinta años enseñando. Siempre hizo lo mismo, enseñar Historia. No sé cómo pudo. Yo no podría hacer siempre lo mismo. En fin, justo cuando entró la nueva profesora por la puerta, se produjo una situación difícil de explicar.

Yo me quedé boquiabierta, todas las chicas nos mirábamos unas a otras, y el grupo de chicos… parecía una escena de esas de un programa de televisión. De ese en el que los concursantes compiten cantando y bailando. Luego el jurado compuesto por artistas famosos les puntúa y, cuando empieza a cantar el que está en el escenario, la cámara enfoca a los miembros del jurado y llegan a transformar su cara desde una pasividad total a una auténtica emoción. Los miembros del jurado llegan a abrir la boca, llevarse las manos a la cara y algunos casi dan saltos.

La susodicha profesora nueva de Historia tenía menos de treinta años, era guapa, pelo moreno largo recogido en coleta por detrás que casi le llegaba a la cintura, ojos verdes y encima vestía ropa ceñida. Uno de los chicos de clase se puso de pie, y si no hubiera sido por la mirada asesina del tutor, incluso le hubiesen aplaudido a la nueva.

¿Cómo se puede venir a dar clase así? Días más tarde, aún no sé cómo, nos enteramos de que era jugadora de voleibol profesional. Mientras estudiaba en la universidad había conseguido con su equipo ganar cuatro años seguidos el campeonato nacional. Actualmente sigue jugando y, además, le han dado el puesto de primera entrenadora en el equipo juvenil femenino de la ciudad.

Como profesora, debía de ser buena porque en todos los institutos en que había estado, hablaban muy bien de ella. En fin, vamos a tener que aceptar que sea así. El problema es que además es simpática, se interesa mucho por los alumnos y, para deleite del sector masculino de clase, cada día viene con un conjunto diferente. Nunca me hubiese imaginando una profesora joven para impartir Historia. Si por lo menos hubiese sido chico y guapo... En fin, es lo que hay.

Hoy lleva unos pantalones negros ajustados y una blusa *beige* amplia de mangas que, al extender los brazos con la explicación, le queda como si fuera una figura de las imágenes antiguas dando un sermón. La verdad es que la caída de la tela debajo de los brazos le queda bien y realza lo que señala. Le aprecio en la distancia un colgante al estilo gargantilla sujeto en una cuerda de cuero fina negra, pero no consigo ver el símbolo que lleva.

De todas maneras, si yo misma he estado distraída mirando por la ventana, me parece que la señorita Barbie, como la llamamos las chicas (supongo que lo hacemos para contrarrestar el mote que le han puesto los chicos) ha estado aún más distraída explicando algo sin mirarnos a ninguno de los alumnos. ¿Cómo se puede dar clase sin mirar a la gente?... ¿Cómo me va a caer bien esta mujer? Está escribiendo en la pizarra un montón de datos históricos y fechas sobre cuando los antiguos romanos invadieron la península Ibérica.

Se ha dado cuenta de que la estoy mirando. Se acaba de girar y se ha quedado fija observándome. Evidentemente todos la tendríamos que estar mirando, pero debe de ser que mi mirada es diferente. Creo que es la primera vez que lo ha hecho. Me parece que acaba de leer el aburrimiento generalizado de toda la clase en mi cara. Me encantaría decírselo claramente, pero no procede. Por fin deja de mirarme, y bajando un poco los hombros, como si a la vez diera un suspiro, pasa la mirada por el resto del aula en silencio.

Evidentemente ha captado el mensaje. Se acaba de girar con rapidez, sin decir nada enciende el proyector y apaga las luces de la clase. Al hacerlo provoca tal confusión que todos se callan y la miran entre penumbras. Aparte de la poca luz que entra por la ventana de este día nublado, la única que hay en la clase es la de la proyección en la pared. Yo no he dejado de mirarla. Veamos cómo reacciona.

Podemos ver en la pantalla de proyección un gran mapa de la península Ibérica donde se reflejan los principales ríos. La profesora, todavía en silencio, señala el mapa y pregunta en voz muy alta:

—¿Sabéis cuál fue una de las primeras ciudades que los romanos fundaron en la península Ibérica?

Al hacer la pregunta, algunos de los compañeros que se habían sorprendido por la acción de la señorita Barbie vuelven a la actitud inactiva de antes y algo de desilusión aparece en sus caras. Esperaban algo más emocionante. Yo también, pero tengo curiosidad por ver su siguiente movimiento.

Como ni mis compañeros ni yo contestamos, la profesora grita:

—¡ESTA MISMA, EN LA QUE VIVIMOS!

Erik y yo nos sobresaltamos. Algunos la miran con tranquilidad, mientras que otros simplemente se observan entre ellos. De hecho, Erik me mira y sonríe. Está claro que él solo lleva tres meses viviendo en la ciudad, pero creo que le está haciendo gracia lo que intenta la profesora.

Mientras la señorita Barbie dibuja un punto gordo encima del río Ebro, posicionando la ciudad de Zaragoza y escribiendo el nombre, se gira diciendo:

—¿Sabéis por qué?

Aguardamos en silencio, esperando que lo explique. Ella observa que todavía hay algunos distraídos. Los miro. Son los de siempre.

Se gira de nuevo hacia el mapa y dibuja una línea vertical que cruza el río Ebro en el mismo lugar donde ha ubicado la ciudad de Zaragoza. Volviéndose hacia nosotros de nuevo, dice:

—Por esto —señala el mapa— porque es la única ciudad donde se produce este efecto. —Se queda callada, como esperando que adivinemos lo que va a decir a continuación—: La línea horizontal se cruza con la línea vertical, en este punto... donde confluyen el río Gállego y el río Huerva con el río Ebro.

Ha conseguido que nos interesemos por lo que está diciendo. Esto va bien.

En la calle se ha levantado viento, lo que ha provocado que un pequeño silbido a través la ventana sin cerrar haya conseguido dar más misterio a la charla.

Veo a lo lejos que los árboles se empiezan a inclinar. Ya no hay pájaros, el cielo se ha encapotado más y las nubes grises están dando cierto aspecto siniestro a la mañana. Me giro de nuevo hacia Erik. Está totalmente concentrado con la explicación. La luz del proyector destaca aún más que antes. Parece que estamos entre tinieblas.

—Si veis el cruce de los ríos —continúa—, para los romanos era muy importante este hecho. Según entendía el emperador Augusto, el fundador de la ciudad, la diosa de la Naturaleza, Cibeles, había creado el signo del *Cardus* y *Decumanus*: dos líneas perpendiculares que, posteriormente, utilizarían para diseñar las ciudades. El *Cardus* era la calle principal orientada de norte a sur y el *Decumanus* la de este a oeste. A partir de esa disposición el resto de calles de la ciudad se construían, de forma regular, paralelas, y a su vez perpendiculares, a las anteriores.

Se para, nos mira, camina despacio de izquierda a derecha por la clase.

Hoy no se ha recogido el pelo, por lo que al andar se mueve su melena de un lado a otro. Creo que todos la estamos mirando.

—Un *Cardus* y *Decumanus* perfecto era para ellos la expresión sagrada del orden del cosmos de la Tierra.

En ese momento se para enfrente del compañero de la esquina derecha de la primera fila. Apoya sus brazos sobre su mesa. Gira la cabeza por la venta y le oímos decir:

—Es decir, para ellos, este sitio era una ciudad sagrada.

CAPÍTULO 2

Martes, 13 de diciembre de 2016
Hora: 11:30

Dicho así, podía llegar a ser interesante incluso el resto de la clase. Está bien esta profesora. Como diría mi hermano pequeño: ella mola.

Me he estado aburriendo desde hace rato. No dejo de mirar a la chica delante de mí. Cada vez que la miro se me hace como un nudo en la garganta. Había empezado a sentir eso desde el primer día de clase de este curso. No lo entiendo porque hemos estado juntos desde casi Primaria en el mismo colegio. No siempre en la misma clase, pero sí en el mismo curso. Hemos coincidido en algunas actividades, pero nunca había tenido el sentimiento que tuve cuando la vi este curso entrar en clase con el pelo rizado, suelto, cuello despejado y una carpeta que sostenía con los brazos sobre el cuerpo. Pasó justo a mi lado para sentarse delante de mí. No sabía si era el pelo, la ropa que llevaba o simplemente el cuerpo de esa niña con la que había compartido años en el colegio y en ese momento era una auténtica mujer.

Desde aquel día estuve pensando cómo decirle algo, cómo explicarle lo que sentía por ella.

Pero no pude.

En el fondo me siento todavía un niño. Sigo jugando al fútbol con los amigos a la salida de clase. A ella la veo con sus amigas hablando y comentando de pie, en la puerta, a la salida del instituto. De vez en cuando se ve a alguno de los chicos mayores que se acercan al grupo de chicas y tratan de entablar conversación con ellas. Afortunadamente siempre veía que ella se volvía con sus amigas. Y eso me tranquilizaba.

Pero un día, mi mundo se derrumbó.

Recuerdo que venía de casa acompañando a mi hermano pequeño al colegio. Costumbre que hacía todos los días desde que nuestro padre había muerto hacía cinco años y nuestra madre dejó de acompañarnos porque el trabajo que encontró la obligaba a entrar temprano en la mañana. Mientras me acercaba al instituto, vi que venía apresurado por mi izquierda el chico nuevo de Suecia. Me caía bien, era un tío simpático, deportista y a las chicas les gustaba. Cuando llegó a mi lado, me tocó del brazo y me dijo:

—David, ¿podemos hablar un rato a la salida de clase?

Le dije que sí. Como tenía que volver a recoger a mi hermano pequeño, acordamos encontrarnos en la salida de la zona de Secundaria.

Nunca me hubiese imaginado lo que me iba a suceder.

Si lo hubiese sabido, probablemente no habría aceptado verlo más tarde.

Mi corazón dio un vuelco cuando me encontré a un chico rubio alto, de piel blanca y con acento sueco diciéndome que se había enamorado de una chica de clase, pero no sabía qué costumbre había en España para pedirle salir. El joven sueco había elegido hablar conmigo, porque le parecía que yo era serio y tenía experiencia con chicas. «¡Que fuera de la realidad!», pensé en ese momento. Pero no tuve tiempo de pensar más cuando escuché quién era la chica que pretendía.

Desde aquel día procuro no mirar hacia donde se sienta ella. Aunque es difícil, teniendo en cuenta que la tengo delante. En clase nos sentamos en mesas de dos y me habían puesto junto a Elsa, así que trataba de comentar todos los temas de clase con ella y evitaba mirar hacia la mesa de Sofía. Y sobre todo desde hacía una semana, cuando el propio Erik decidió sentarse junto a Sofía.

Me estoy distrayendo. Lo de la ciudad sagrada, nada menos que Zaragoza, donde vivo desde que nací, me parece cuanto menos curioso porque nunca lo había oído antes.

Hay que reconocer que venir a clase de Historia merece la pena este año. Menuda profesora. Una auténtica sorpresa. Miro de reojo al que se la intentó ligar el otro día a la salida de clase. Solo recibió calabazas y la mirada del musculitos de su novio que la vino a buscar en una moto enorme a la salida de clase.

¡Qué idiota! Pretender con dieciséis años ligarse a su profesora que le saca más de diez. Bueno, cada uno es como es.

Lo que le agradezco es que no se ponga tacones como el primer día. Nos hizo sentir a todos enanos. Y eso que debe de ser la más baja de su equipo de voleibol.

Sigue apoyada con los brazos en la mesa de la esquina derecha de la primera fila. Mantiene silencio mientras observa cómo algunos se sorprenden con lo de la ciudad sagrada.

En este preciso momento ha conseguido la atención de todos.

—... Un lugar en el que la propia naturaleza se presentaba ante el hombre y quizá uno de los pocos lugares donde esta realidad natural se daba. —Termina el principio de la historia.

Ciertamente me ha cautivado a mí también. Miro a mi derecha a Elsa y ella también me mira. La mejor amiga de Sofía. ¡Qué ironía, yo sentado junto a ella! De todas maneras, me cae bien, nos ayudamos continuamente en clase cuando uno no entiende alguna cosa. El color negro de su piel y lo alta que es, la destacan sobre el resto de la clase. Padre americano exjugador de baloncesto en la NBA y madre cubana han conseguido que su hija se parezca un poco a los dos. En la altura a él, y en el resto a la madre. Las pocas veces que les he visto juntos he comprobado que tiene el carácter totalmente opuesto al del padre. Llegaron a la ciudad hace diez años cuando a él lo contrataron como entrenador del equipo de baloncesto principal. Solo lo mantuvieron cuatro años hasta que el equipo bajá a Segunda División. En aquel momento la madre ya había destacado como profesora de gimnasia rítmica en uno de los mejores clubs de la ciudad, así que decidieron quedarse. Al padre no le faltaron ofertas. Decidió coger una plaza en la universidad de profesor adjunto en el Departamento de Psicología Industrial aprovechando el doctorado que había obtenido en Estados Unidos mientras jugaba al baloncesto.

Me sigue mirando. Encogemos los dos los hombros como interrogación y a la vez como gesto de sorpresa. Yo sé que a Elsa le gusta mucho la historia. Estoy seguro que esta clase le estará pareciendo muy interesante. Pero lo de una ciudad sagrada, suena un poco fantasioso y ella no cree ni en fantasías ni en personajes imaginarios. A mí, en cambio, no me suena mal después de que el último verano estuve jugando a juegos de rol con unos amigos. Todo se basa en personajes imaginarios.

—Para mí no deja de ser una historia o una leyenda —continua la profesora—, pero si alguien consiguiera probarla sería espectacular. Lo cierto es que hay más... —Se para y nos mira.

Se produce un gran silencio en la clase esperando que la profesora continúe con la explicación. Esta señala el mapa dibujado y continúa:

—Los romanos vieron el gran río que iba desde el oeste hacia el este: el Ebro. De hecho, supongo que a estas alturas ya os estáis preguntando por qué la península Ibérica lleva el nombre del río que pasa por nuestra ciudad.

Se le ha caído el boli que llevaba en la mano y, al agacharse a recogerlo, ha conseguido el momento de máxima atención en clase... al menos entre nosotros. Las chicas siguen mirando el mapa.

—Para ellos, era el río que venía del oeste, del mundo de los muertos, de la oscuridad, del ocaso...

Me doy cuenta de que estoy mirándola fijamente. Hace tiempo que no me ocurre algo parecido, al menos por algo diferente a su físico. Sin que se den cuenta mis compañeros, les observo de reojo. No quiero que me vean hacerlo. Lo cierto es que lo hago muchas veces, pero no quiero que piensen que soy un mirón. «Es simplemente curiosidad», o eso me digo a mí mismo cuando les miro. Y esta vez veo que todos estamos mirando fijamente el mapa y escuchando a la profesora.

—... y era el río que se dirigía hacia el este, donde sale el sol, la luz... hacia Roma. Y era el río que, de repente, se encontraba con el cruce de dos ríos. Uno viene del norte, de la Galia (de ahí su nombre: el Gállego) y el otro, La Huerva, traía aguas del sur.

La profesora guarda silencio mientras señala los ríos en el mapa y continúa:

—La dirección del agua era interpretada como el transporte y vehículo de la información del lugar del que provenía. Es decir, el que traía agua del norte, de la Estrella Polar, traía agua del cosmos, del conocimiento.

De pronto, Elsa me comenta en voz baja algo:

—O sea, que los del norte son más listos que nosotros.

Por el silencio que había, lo escucha toda la clase. Risas por todos lados, Elsa se sonroja y la profesora le contesta:

—La verdad es que no sé qué responderte —sonríe—, porque si ahora os digo la explicación del río del sur, no sé qué vais a concluir.

Mantiene un poco de silencio, se toca el pelo con las dos manos y prosigue:

—Porque el del sur, según su probable interpretación, traía la información de la Tierra, del inframundo de la materia, de la serpiente o dragón ascendente hacia el norte.

Ahora sí que no sé ni dónde mirar. Veo que Elsa empieza a estar incómoda. Me mira como diciendo que todo esto empieza a parecer una tontería. Pero al igual que yo, seguimos escuchando. Aunque claro, es un hecho que esos ríos están ahí. Observo que en la clase se ha hecho silencio absoluto.

—Podemos llegar a pensar que la ciudad de Caesaraugusta fue diseñada para ser el centro del orden romano. De ahí que pudiesen verla como una ciudad sagrada y la trazaran como la representación del mundo ordenado de los dioses en la Tierra.

Se calla mientras camina hacia la ventana. Parece de noche, el viento se ha vuelto más fuerte. Todas las nubes que vemos desde la ventana son casi negras. Sabemos que son previas a la tormenta.

De pronto un rayo a lo lejos nos sorprende a todos. Se oye algún ¡Oh! entre las chicas. El silencio es total en la clase. Nadie está mirando hacia la proyección. La profesora, sin dejar de mirar por la ventana, dice en voz alta:

—¿Sabéis cómo hacían ese vínculo entre lo divino y lo terrenal?

Miro hacia los demás. Nadie contesta. Yo tampoco. Solo silencio en la clase. Es la primera vez en clase de Historia que ocurre eso. La primera vez en todo el curso que la profesora ha podido cautivar a todos solo con la explicación. Se gira hacia el mapa. La seguimos con la mirada como espectadores en un partido de tenis. Todos callados.

La profesora contesta:

—Mediante la geometría.

Se para y nos vuelve a mirar.

—Por ello, Caesaraugusta es trazada geométricamente bajo el conocimiento secreto de los sacerdotes. Se asumía que eran los únicos que comprendían el misterio de la vida.

Sin ningún complejo miro a Sofía. Sé perfectamente que eso le va a gustar. Y así es. La chica se mueve en el asiento. Se incorpora hacia delante en la mesa para escuchar más atenta.

—Por eso la tradición establecía un rito fundacional para la creación de la ciudad. Lo que ocurría es que los sacerdotes trazaban dos ejes perpendiculares entre sí sobre la tierra, el *Cardus* y el *Decumanus*. Luego dos bueyes tiraban de un arado e iban marcando el perímetro de la ciudad. La Tierra era el símbolo de la materia, de lo femenino que es fecundado por el arado, que a su vez era el símbolo de la energía masculina; ambas, energías sagradas…

Se para un momento y nos observa a todos.

—… así a la ciudad le daban un carácter sagrado. Entendían que era el lugar del Orden o, dicho de otra manera: conseguían una Ciudad Ordenada porque se producía el equilibrio al unirse las dos energías.

La profesora se calla y mira la cara de sorpresa de todos nosotros. Miro a los demás. Estamos todos igual. Proyecta un plano grande del centro antiguo de la ciudad y traza dos líneas gruesas: una sobre la calle Don Jaime I desde el río Ebro hasta la calle Coso y otra desde la plaza de la Magdalena por la calle

Mayor, Espoz y Mina y Manifestación, para terminar en avenida César Augusto.

Se vuelve y dice apuntando a las dos líneas gruesas que ha pintado:

—Os presento el *Cardus* y el *Decumanus* de Zaragoza.

Recuerdo que, en algún momento de mi vida, alguien me ha explicado esto. Nunca le había dado importancia. Ahora parece que sí la tiene. Elsa está totalmente boquiabierta. Miro de nuevo hacia Sofía. Es la única en toda la clase que no está mirando a la pizarra. Está escribiendo algo en una hoja.

Pero en este momento está ocurriendo algo.

No consigo saber qué pasa.

La profesora se lleva la mano derecha al oído. Su cara cambia rápidamente con muestras de dolor. Se tiene que apoyar con la otra mano en su mesa. Parece que se está mareando. Empieza a agachar la cabeza y a apretar los labios. ¿Qué le está pasando?

Se está cayendo.

¡Dios! Literalmente se ha desplomado en la mesa. Se sujeta con la mano izquierda del extremo del escritorio para no caerse al suelo. Se oyen gritos en clase. Todo parece un caos de repente.

Los de la primera fila se levantan corriendo para ayudarla.

En ese momento todos vemos que su melena se ha manchado un poco del color rojo de la sangre que le está saliendo por el oído derecho. Con su mano intenta contener la hemorragia. Con la cabeza apoyada en la mesa nos mira impotente como intentando que le digamos qué le está pasando.

CAPÍTULO 3

Jueves, 15 de diciembre de 2016
Hora: 08:45

Sofía

He visto muchas veces a las parejas caminar por la calle cogidos de la mano o con el brazo del chico encima del hombro de la chica.

Pero hoy lo veo diferente.

Lo veo distinto porque yo soy una de esas parejas. Llevamos un rato caminando por la ciudad y Erik me acaba de poner su brazo sobre mi hombro. Acabamos de pasar la plaza Paraíso y, mientras caminamos por el paseo Constitución hacia la plaza de los Sitios, nos empezamos a cruzar con más gente.

Me siento incómoda, es la primera vez que lo hace, pero soy incapaz de decírselo. Veo que a él le gusta, o eso me parece cuando lo miro de reojo. Como el resto de parejas se comportan así, prefiero dejarlo estar, no quiero ser diferente hoy también, al menos por ahora. Ya soy diferente en muchas cosas, como para serlo también en el tema de los chicos. Sobre todo, porque es la primera vez que salgo con uno.

De todas maneras, no me viene mal que me coja, hace frío. Es un típico día de invierno de Zaragoza con mucho viento helado y, aunque brille el sol, la sensación es bajo cero. Es rara esta ciudad. «¡El que aguanta el frío invierno y luego el sofocante calor del verano aquí, ya puede vivir en cualquier lugar del mundo!», recuerdo que me lo decía de pequeña la señora que nos vendía el pan cerca de casa cuando era pequeña.

En su reloj veo las 8:45, así que probablemente nos sobren unos minutos. Miro a Erik a la cara. Necesito levantar bastante la vista porque me saca una cabeza, y eso que tenemos la misma edad. Veo que no se da cuenta de que la bufanda que lleva al cuello me ha vuelto a alcanzar la cara. Con el viento tan fuerte que sopla, no para de darme. Con mucha delicadeza aparto su brazo del hombro.

Seguimos andando.

—¿Hay algo que hago mal?

Me paro justo en el cruce con la calle Juan Bruil. No esperaba esas palabras de Erik. ¿A qué se refiere? ¿De qué está hablando? No he dicho nada ni he hecho nada que le haya podido molestar. O eso creo.

—¿Por qué dices eso? —le contesto.

Estamos los dos de pie. Sus ojos están clavados en los míos, pero no consigo adivinar qué piensa. Miro a nuestro alrededor toda la gente que camina rápido por el paseo. Hay un montón de grupos de chicos de nuestra edad que marchan en ambos sentidos. Aquí nos ve todo el mundo y no sé lo que me va a decir.

Le cojo por el brazo y camino hacia el interior de la calle Juan Bruil que es mucho más discreta. En un extremo de la calle veo a lo lejos toda la gente que camina por el paseo Independencia y, por detrás, en el otro extremo de la calle, los que acabo de ver por el paseo Constitución. En esta pequeña callejuela, no pasa nadie.

—¿Te gusto? —Me para Erik en la acera y nos quedamos los dos de pie, mirándonos.

¿Y esto a qué viene? ¿Qué le pasa?

—Sí. —Trato de que se dé cuenta de que he fruncido el ceño.

Se toca la cara con la mano derecha como si estuviese nervioso.

—Es que… —No consigue continuar.

Soy incapaz de decir algo.

—A veces, te veo muy fría conmigo. Vengo de otro país y quizá la diferencia cultural no la he conseguido llevar bien. Quizá no me estoy comportando como debo…

No dejo de mirarlo. Me ha dejado totalmente bloqueada porque no me esperaba algo así. ¿Y qué le digo yo ahora?

—… a mí me gustas mucho —continua Erik— y desde que hemos empezado a salir cada día me gustas más.

—A mí también me gustas mucho —le digo mirándolo a los ojos—, me encanta estar contigo.

Todo es verdad, aunque no me sale decirlo de forma natural. Me parece muy buen chico, tiene un corazón enorme y además es muy guapo. Quiero conocerlo más. Supongo que el problema soy yo porque no consigo nunca expresar mis sentimientos.

—Pues no se nota —me corta rápidamente.

—¿Por qué dices eso?

Se queda mirándome. Creo que se ha dado cuenta de que me ha molestado.

—Disculpa —comienza diciendo—, es que... es que, veo a otras parejas y hablan más que nosotros, van de la mano, se dan más cariños. Y nosotros…

Le pongo un dedo en los labios con la única indicación posible.

Mi sonrisa ha conseguido que se relaje, me pongo en puntillas, le rodeo el cuello con mis brazos, él me mira desde su altura y pasa sus brazos por detrás de mi espalda.

Qué bien huele. Nunca le he preguntado qué colonia se pone porque parecería muy superficial, pero sé que no la venden en esta ciudad. Bueno, o al menos ninguno de los adultos y jóvenes que conozco la usa. Su figura esbelta y su pelo rubio corto está hoy más increíble que otros días por el jersey verde oliva de cuello alto que se ha puesto. Lleva pantalones vaqueros, pero no me ha dado tiempo a verle venir porque su cara se aproxima a la mía. Ha tomado la iniciativa y hoy me gusta. Ladea la cara hacia su izquierda y yo hacia la mía, sigue aproximándose hasta que por fin los labios no pueden juntarse más. Noto sus manos fuertes que me acarician la espalda. De arriba abajo, de abajo arriba. Todo mi cuerpo está pegado al suyo. Supongo que estará sintiendo toda la expresión inevitable de cada parte de mi cuerpo en contacto con la de él, como yo estoy notando lo que parece él ha dejado de controlar. Me gusta. Ya me pierdo, no sé ni dónde estoy. Es como si estuviera encima flotando en unas nubes y no quisiera que terminara el momento. Cómo me gusta Erik. Lo noto muy cercano. No es solo un beso, hay algo más.

—Perdón, perdón.

La voz de la pareja que acaba de salir del hotel con un carrito de bebé ha conseguido que me sonrojara y me separe inmediatamente de Erik. Estamos ocupando la pequeña acera de la calle y no pueden pasar.

—Disculpen —decimos los dos a la vez mientras, entre miradas cómplices, nos sonreímos el uno al otro.

Nos quedamos los dos de pie mientras la pareja se aleja hacia el paseo Constitución. Justo cuando giran a la derecha y antes de desaparecer, el hombre nos mira y con una leve sonrisa nos guiña el ojo.

Nos volvemos a mirar los dos, sonreímos y le cojo las dos manos.

—Erik, me gustas mucho y te aseguro que no pasa nada. La rara soy yo, como te dije la primera vez, eres el primer chico con el que salgo y a lo mejor soy yo la que no sabe comportarse.

Me resulta imposible explicarle que yo hace un año no era así. Hablaba mucho más con todos, más jovial, me encantaba estar rodeada de gente y hablar y hablar. Pero desde lo de mi padre, todo ha cambiado. No soy la misma.

Me pongo de puntillas y le doy un beso rápido sin que se lo espere.

—Estoy segura de que con este trabajo de Historia vamos a estar más tiempo juntos y nos lo pasaremos muy bien.

Le doy la mano con los dedos entrelazados apartándome un poco para no recibir más golpes de la prenda que lleva al cuello.

Me suelta la mano, pone su brazo derecho sobre los hombros y, como si hubiese adivinado lo que originó este momento, rodea nuestros cuellos con su bufanda. Así está mejor. Me gusta.

Seguimos caminando hacia el destino por la calle Tomás Castellano.

Cuando estamos a punto de llegar a la entrada de la iglesia de Santa Engracia rompo el silencio:

—¿Qué opinas de lo que pasó con la profesora de Historia?

Me mira como sorprendido por la pregunta, como si pensara que quiero cambiar de conversación.

—Muy raro. —Me mira mientras seguimos andando—. Nunca había visto algo así. Espero que no sea nada.

Sus palabras se me pierden en el infinito porque mi atención está con la señora que entra en la iglesia y está perdiendo el equilibrio. Casi se cae, si no fuera porque sus amigas la han sujetado. Se lleva la mano al oído derecho y, mientras la aparta para ver la palma a través de sus lentes de aumento, distingo el color rojo con el que se ha manchado.

CAPÍTULO 4

Jueves, 15 de diciembre de 2016
Hora: 08:55

David

Es casualidad que los dos hayamos llegado diez minutos antes de la hora a la que hemos quedado con Sofía y Erik. Elsa me mira y sonríe. Le devuelvo la sonrisa. Estamos sentados en uno de los bancos de la plaza de Los Sitios mientras esperamos. Como ella suele ser bastante alternativa para algunos temas, he tenido que imitarla y sentarme en el respaldo con los pies apoyados en el asiento.

Hace frío. Los dos estamos protegidos con los abrigos que llevamos y ella no para de darle vueltas a su bufanda alrededor del cuello.

Dejo de mirarla. Trato de ver a lo lejos de la calle Joaquín Costa por si los vemos venir. Noto que ella me sigue mirando.

No puedo evitar recordar la conversación de ayer con mi madre.

Eran las siete de la tarde. En mitad de los grandes almacenes me dice:

—Gracias.

Me quedé tan sorprendido que miré a mi madre con los ojos tan abiertos que casi se asustó.

Llevábamos unos quince minutos en la sección de ropa juvenil mientras estaba buscando un pantalón para comprarme. Es la peor época del año para ir a comprar algo que realmente necesitas. Te ves rodeado de cientos de personas que están ahí simplemente porque está próxima la Navidad. ¡Si supieran que huyo de los estereotipos y de las costumbres! En fin, aunque quise evitarlo, fue imposible cuando mi madre me evidenció ayer tarde que no tenía nada para ponerme en los próximos días.

Lo dijo treinta segundos después de mostrarme las manchas de lejía en el pantalón vaquero que había llevado ayer a clase. Le dio completamente igual las múltiples explicaciones sobre que el bote de hipoclorito sódico se hubiese caído sin querer en el laboratorio de química. Simplemente me miró y me dijo que ya no tenía ni uno más.

—Gracias, ¿por qué? —le respondí mientras la miraba.

Por un segundo me pareció ver un resplandor de alegría o, incluso, ilusión en su cara cuando me lo dijo. Desde que falleció nuestro padre, se ha sumido en un estado de soledad y tristeza que a mi hermano y a mí nos obliga a tratar de animarla todo el día. Así que el momento de ayer había que tratar de alargarlo lo máximo posible.

—Por venir conmigo.

—No te entiendo —le respondo mientras seguí viendo ese gesto de felicidad en su cara.

—Mira a tu alrededor.

Lo hice. Unos grandes almacenes repletos de gente. Como siempre en esta época. Por la expresión de mi cara se debió de dar cuenta de que no sabía a qué se refería.

—Gracias por dejarme acompañarte —me dice. Mientras estás buscando lo pantalones estoy mirando que ningún joven de tu edad ha venido con su madre. Casi todos vienen con un amigo o en grupo.

Ni me ha había dado cuenta. Pero al observar con más detalle comprobé que tenía razón. Y recordé que hacía al menos un año que no había permitido que me acompañara. Era verdad. Pero por alguna razón que todavía no recuerdo, le pedí que, por favor, me acompañara. Aún recuerdo que le dije que necesitaba la opinión de una mujer. ¿Y por qué le dije eso? Aún no lo sé. El problema es que no supe qué decirle después.

Mi madre me miró fijamente por un momento. Disfruté de esa imagen de felicidad que irradiaba.

—¿Estás bien? —me soltó de pronto—. ¿Te encuentras bien?

Asentí con la cabeza mientras miraba un pantalón azul marino de mi talla.

—¿Es por lo que ocurrió con la profesora? —Volvió mi madre a la carga con preguntas.

Se lo había comentado a ella y a mi hermano la noche anterior en la cena. Creo que me pasé con la parte de la descripción del detalle de la sangre. Debí de ser demasiado morboso porque mi hermano pequeño me dijo a la mañana siguiente que casi no había dormido de miedo.

—No —le contesté.

Noté que tiene clavada su mirada en mí. Me giré y la miré.

—¿Es por una chica?

Pero, ¿qué estaba haciendo?, pensé. Una madre no le puede preguntar eso a su hijo de dieciséis años. Es privado. Además, no puede saberlo. No había dado ninguna muestra de ello. Es un asunto solo mío.

Pero como no contesté inmediatamente, vino lo siguiente:

—No te preocupes, es normal. Lo importante es que se lo digas cuanto antes para que podáis empezar a conoceros mejor...

Se quedó callada un momento. Yo aproveché para cambiar de expositor y me puse a mirar unos vaqueros esperando que se le pasara el momento. No me gustó nada que se metiera en mis asuntos personales, pero la quiero mucho y con todo el trauma que tiene, era incapaz de hacer algo que la hiciera sufrir (o eso pensaba en ese momento). Se acercó a mi posición y continuó.

—... Además, la chica negra es muy guapa y me parece muy buena persona.

Ahí no pude aguantar más y salté:

—¡MAMÁ! La chica negra, que tú dices —comencé a elevar el tono de voz— tiene nombre, se llama Elsa, y es mi compañera de pupitre en clase. Como dices, es muy maja y una buena amiga ¡y nada más! ¡Y NO VUELVAS A METERTE EN MI VIDA PERSONAL!

Supongo que nunca me arrepentiré tanto de haber hecho eso.

El pequeño atisbo de felicidad que había detectado minutos antes, simplemente desapareció. Su cara se puso blanca. No miró a su alrededor. No quiso saber cuántas personas que estaban en ese momento en la planta de los grandes almacenes habían oído a un chico de dieciséis años gritar a su madre. Simplemente me miró y con una de las miradas más tristes que he visto en mi madre, aparte del día que le dijeron que su marido había muerto en un accidente de coche, me dijo:

—Perdona, no lo volveré a hacer.

Por la noche durante la cena, con mi hermano presente, no paré de disculparme. Aunque ella me repitió muchas veces que no pasaba nada y que estaba todo olvidado, no volví a percibir ni un atisbo de ilusión en su cara ¡Será una carga que tendré que llevar un tiempo!

Tampoco sé muy bien qué me sentó peor: que opinara sobre mis gustos amorosos o que me hubiese relacionado con la chica que no era.

Ahora la tengo junto a mí en el banco. Tengo que reconocer que es excelente como persona y una belleza. Es la chica que recomendaría a mi mejor amigo para que conociera. Pero mi corazón lleva varios meses atrapado en un punto sin retorno, lejos de Elsa.

—Mira, allí vienen.

Las palabras de Elsa y su dedo apuntando en dirección a la iglesia de Santa Engracia me hacen ver a lo lejos a Sofía y Erik andando.

El brazo de Erik está sobre el hombro de Sofía.

CAPÍTULO 5

Jueves, 15 de diciembre de 2016
Hora: 09:00

Sofía

No duro ni cinco minutos con el brazo de Erik sobre el hombro porque, mientras bajamos por la calle Joaquín Costa hacia la plaza de los Sitios, vemos a lo lejos a los otros compañeros con los que hemos quedado a la entrada del Museo Provincial.

Me suelto rápidamente de Erik. Eso ya no podía ser. Una cosa es ir de la mano si nadie me conoce y otra diferente hacerlo delante de los compañeros, sobre todo de David que lo conozco desde hace años, y en los últimos meses se ha comportado un poco raro conmigo. No sé qué le pasa, aunque tampoco me preocupa, tengo demasiadas cosas en la cabeza.

Samuel, el quinto compañero que fue incluido en el grupo no podrá venir a la visita de hoy. Me mandó un mensaje al móvil para decirme que está en casa con fiebre. ¡Qué fastidio! Es un tipo muy especial, en clase casi no lo acepta nadie, pero me apetecía mucho hacer este trabajo con él. Espero que se incorpore en la siguiente visita que organicemos para esto que estamos haciendo juntos.

—¡Menudo día! —dice Erik en su típico acento sueco cuando nos acercamos.

Elsa y David nos esperan sentados en el banco de la plaza en que habíamos quedado. Los dos tienen los pies apoyados en el asiento.

—¡Típico día de cierzo, como siempre en esta época! —suelta David con un tono que creo a nadie nos parece de simpatía, que incluso reprocho con la mirada.

Erik y yo nos sentamos también en el banco, mientras miro de reojo a David por su comentario tan desafortunado.

—¿Sabéis cómo está la profe de Historia? —pregunta Elsa al tiempo que nos acomodamos.

Nadie le responde.

Recordar lo del martes en clase resulta desagradable. Después de que le comenzara a salir sangre del oído, le ayudaron a sentarse bien. Se limpió la cara con un pañuelo que le ofreció el chico de rizos de la primera fila y cuando comprobó que ya no sangraba, nos dijo que nos organizaría por equipos de cinco, y que cada equipo tenía que coger una hoja de las que había en su mesa con las instrucciones que había traído preparadas de casa.

Nadie hablaba, todos la mirábamos.

—Esta mañana mi madre ha llamado al instituto y le han dicho que está bien, pero se ha quedado en casa. —Nos sorprende a todos David con el comentario.

Nos obligó a irnos del aula en cuanto sonó la sirena del cambio de clase. Mientras salíamos entraba la compañera que había ido a avisar al director del instituto. Les acompañaba la enfermera.

Lo siguiente que supimos ayer fue tras la clase de Historia cuando el tutor se quedó con nosotros, y nos comentó que la profesora de la asignatura se había quedado en casa. Nos dijo que estaba mareada y no podía andar, pero que el médico que la había revisado dijo que en un par de días se le pasaría y la tendríamos de nuevo por clase.

Nos quedamos todos conformes con la explicación, aunque el color de la sangre no creo que lo pudiéramos olvidar sencillamente. El profesor nos leyó las instrucciones y la composición de los grupos que le había dado la profesora por teléfono, así que nos pusimos todos con el nuevo trabajo.

—¿Por qué nos ha elegido a nosotros y a Samuel la profesora para hacer el trabajo? —sigue Elsa con las preguntas.

David responde inmediatamente:

—Porque le caemos bien.

Consiguió que todos nos riéramos un rato. «Ya ha vuelto a ser el tío simpático de siempre». Porque lo cierto era que no parecía un regalito el trabajo que nos había mandado la señorita Barbie… Con lo que le ha pasado, creo que será mejor dejar de llamarla así… Tras la explicación antes de ayer en clase del *Cardus,* el *Decumanus* y la historia romana de la ciudad, el papel con las instrucciones nos obligaba a trabajar en grupos de cinco para preparar un trabajo de al menos treinta páginas. Tenía que estar bien documentado para finalmente exponerlo al resto de la clase en tan solo veinte minutos. A nosotros nos había tocado analizar todo lo que pudiéramos sobre el cruce del *Cardus* y el *Decumanus.*

Consiguió que nos interesáramos durante la clase, pero de ahí a tener que hacer semejante trabajo, cambia bastante la situación.

—Os confieso —comienza Elsa hablando— que a mí en el fondo me apetece este tema. Eso de la ciudad sagrada de la antigua Roma al principio me parecía una memez, pero todo lo que contó después me pareció impresionante. Imaginaos que todo eso sea verdad y que realmente hicieron que esta ciudad fuera así.

—Soy bastante incrédula ante ese tipo de cosas— comento—, pero a la vez reconozco que antes de ayer me llamó mucho la atención lo de la geometría.

Me parece notar como una sonrisa en la cara de David. Aunque no le veo la gracia al comentario.

—Pregunté en casa por la noche —Erik comenta con la mirada perdida en la plaza— y nadie de mi familia sabía nada de los romanos o ciudades sagradas. Mi padre sí dijo que sabía lo del *Cardus* y el *Decumanus.* Pero la verdad es que me sentí un poco raro comentando lo de la ciudad sagrada.

Seguimos sentados en el banco enfrente del Museo Provincial esperando a que lo abran. Papá siempre nos traía a ver todos los monumentos de la ciudad, pero las dos veces que vinimos a este, estaba cerrado. Recuerdo que nos contó que es una construcción antigua de estilo neorrenacentista construido para la Exposición Hispano—Francesa de 1908 con motivo del primer centenario del hecho histórico ocurrido en la ciudad. Está ubicado en uno de los laterales de la plaza de los Sitios donde estamos y, según decía mi padre, muy bien preparado para visitas.

Esta plaza, de forma rectangular, tiene muchos árboles, juegos infantiles y un monumento en el centro. Además, hay varios bancos bien situados desde donde se puede tener una buena visión de lo que ocurre alrededor.

Alguien podría decir que la plaza tiene vida. Por las mañanas se pueden ver personas mayores de paseo o disfrutando sentadas en los bancos. Por las tardes suele estar muy animada con padres y madres dejando jugar a sus hijos pequeños en los columpios; y al final de la tarde, principalmente los fines de semana, somos los de nuestra edad los que ocupamos diversos espacios como punto de encuentro para charlar. Se ha hecho como una costumbre, casi todos los sábados por la tarde estamos en este lugar para algo totalmente diferente a lo que hemos venido esta mañana ¡Si estos árboles hablaran me pregunto cuántas cosas podrían contar!

Mientras miro hacia los columpios para niños, ahora vacíos dado que es horario escolar, recuerdo que cuando todavía no había nacido la pequeña, mamá nos traía a mi hermano y a mí a jugar aquí.

Se me pone piel de gallina al recordar la primera vez que me enseñó a columpiarme. Habíamos venido ella y yo solas. Al principio lo veía imposible, pero no sé si fue mi esfuerzo y persistencia o la paciencia de mamá que consiguió que el primer día llegara a empujarme yo sola y «poder volar» en el columpio, como decíamos cuando éramos niños. Al final de aquel día me elevaba casi por encima del palo travesaño. Parecía que iba a dar la vuelta, era emocionante. Mamá me miraba orgullosa, a diferencia de otras que gritaban histéricas a sus hijos para que no fueran tan alto.

Yo me sentía poderosa, por encima de todo y todos.

Sobre todo porque era una niña y esperaba el día que no tuviera que estar levantando el cuello para hablar con los mayores. Ese día había llegado. Había crecido, era ya una mujer. Y estaba en el mismo sitio donde aprendí... pero años más tarde.

Lo que nunca olvidaré de aquel día fue el momento cuando frené el columpio.

Mamá se acercó a darme un abrazo de felicitación y, de pronto, nos giramos las dos.

A pocos metros detrás de nosotros un señor aplaudiendo hizo que muchos padres dirigieran sus miradas hacia nosotras. Recuerdo que miré a los ojos a mamá, las dos nos quedamos sin palabras.

—¡Muy bien, muy bien! —comenzó a decir el hombre mientras se acercaba al columpio.

Supongo que ahora no me parecería tan mayor, pero en aquel momento pensé que tendría más de ochenta años. De mediana estatura, pelo blanco, recuerdo que se protegía del frío de invierno con una especie de capa blanca que permitía ver los pantalones también blancos y anchos por debajo y que dejaba ver el calzado que llevaba, botas negras. Lo que más me impactó fue su cara. Tenía la piel curtida por el sol, pómulos hundidos, un rostro perfectamente afeitado que le daba todo el protagonismo a unos ojos azules muy claros. Le daban una mirada especial. La imagen de su cara me pareció que estaba llena de vida. Me miraba con dulzura y a la vez encontraba como una fuerza positiva que salía de sus ojos. Reconozco que me cautivaron porque lo debí de estar mirando fijamente durante unos segundos sin decir nada. Cuando por fin me di cuenta de mi pasividad, contesté sin dejar de mirarle:

—Muchas gracias.

Él se acercó más a las dos e, inclinando su cuerpo hacia mí, me dijo.

—No me refería a ti, pequeña. —Señaló a mamá que seguía de pie contemplando el momento—: me refería a ella.

Mamá se puso un poco más seria, como distante, incómoda. Me cogió con los brazos por los hombros acercándome hacia ella. Siempre me gustaba cuando me sentía protegida por esa mujer tan especial. Aprovechaba disfrutar cada momento en que ocurría algo parecido porque, por sus continuos viajes de trabajo, los momentos en que estábamos juntas eran bastante escasos en aquellos días.

—Discúlpeme señora —volvió a hablar el hombre de nuevo, retirándose un poco hacía atrás—, no quería molestarla. Pero no he podido evitar felicitarla. Lo que acabo de contemplar esta tarde aquí es un ejemplo brillante de perseverancia, ánimo y valentía.

Noté que mamá se relajó un poco más.

—Gracias —comenzó ella— estoy orgullosa de mi hija.

—Estoy seguro. Además, ella debe estar orgullosa de su madre porque es quien le ha transmitido esos valores. Me pregunto quién se los habrá transmitido a usted.

—¿Qué quiere decir? —respondió mamá un poco más seria.

—Miren. —Se desplazó de donde estábamos en dirección a la estatua del centro de la plaza—. Vengo muchas tardes a contemplar esta representación de Los Sitios de Zaragoza. Todo el valor que mostraron los habitantes de esta ciudad cuando en 1808 se enfrentaron al ejército francés, evitando que entraran en el interior, fue un acto que tuvo reconocimiento internacional de valentía y perseverancia. Lástima que murieron muchas personas y finalmente la ciudad tuvo que capitular.

Se volvió hacia el monumento que se encuentra en mitad de la plaza y continuó:

—Todos los ciudadanos lucharon contra los atacantes, grupos de mujeres salieron con los utensilios que tenían como armas de lucha, muchos hombres se transformaron de repente de campesinos a soldados casi sin darse cuenta. El propio conjunto destacó por el empeño en el objetivo común.

Decenas de veces había estado en esa plaza y nunca me había fijado en la representación. Aunque era pequeña, las palabras del hombre hicieron que me interesara por el monumento.

—¡Veis! —Señaló a un punto donde se veía una mujer con un cañón—: Ahí está Agustina Zaragoza disparando ella sola el cañón que se quedó aislado cuando los artilleros que lo dirigían cayeron por una explosión.

En aquel entonces no había escuchado todavía la historia de aquella valiente.

Continuó describiendo muchos de los episodios de la lucha que estaban representados, contando detalles que no acierto a recordar. Lo que decía el hombre me parecía parte de un relato de guerra al que normalmente no hubiese prestado gran interés, pero era algo de mi ciudad y además lo relataba con tal pasión que parecía que hubiese estado allí para verlo.

—¿De dónde creéis que le vino a ella y a todos los zaragozanos aquellos días el valor y la fuerza que tenían?

Se quedó callado un momento.

—Tu madre —en ese momento me volvió a mirar— lo tiene y sin que te hayas dado cuenta, te lo ha transmitido hoy a ti.

Tal y como lo dijo me estremeció.

No era una pregunta, era algo más, había como un misterio en sus palabras que en aquel entonces no llegué a comprender. Hoy sigo sin entenderlo.

Mamá abandonó la postura de defensa que había puesto al principio de la conversación. La vi, incluso interesada por lo que el viejo iba a decir a continuación.

—Hay algo en esa escultura en lo que poca gente se fija y donde radica el verdadero misterio de la imagen.

Se desplazó hacia la derecha y nos señaló a la parte donde se ven unos hombres tratando de soportar con palos, se diría casi con sus propios cuerpos, algo que parecía una pared.

—Mirad, esos hombres murieron simplemente tratando de proteger unas puertas ante la invasión del enemigo. En concreto las de los conventos de San Lázaro y Santa Isabel.

Nos miró en silencio a cada una durante unos segundos, luego continuó:

—Era imposible que lo consiguieran ya que, por la otra parte, eran caballos los que empujaban. Pero allí siguieron hasta que fueron aplastados. Pocos se han preguntado acerca de la verdadera razón de proteger aquellas puertas, dejando sus vidas en ello. Algunos creen que era porque allí guardaban las armas…

Dejó la frase sin terminar.

Acto seguido, añadió, clavando la mirada en los ojos de mamá:

—Seguro que hay alguien que será capaz de descubrirlo.

Lo recuerdo y no consigo adivinar si fue un reto o… una orden. El tono era serio.

Se volvió hacia nosotras y, con una sonrisa que nunca olvidaré, dijo:

—El día en que todo lo que representa la escultura se pierda, la ciudad se desplomará. —Mantuvo unos momentos de silencio observando a mamá fijamente—. Afortunadamente, niña —giró la cabeza hacia mí con dulzura— hay gente como tu madre.

Recuerdo que le dio algo a mamá en la mano. Era pequeño. Tanto que no llegué a verlo al apretar ella el puño. Sigo sin entender por qué no me lo mostró aquel día ni las otras dos o tres veces que se lo he recordado posteriormente.

El hombre se giró y se fue caminando tranquilamente hacia la calle Zurita. Andaba con paso firme y muy erguido. Supongo que fue una impresión equivocada de una niña pequeña, pero si no fuera porque era una persona mayor hubiese jurado que era paso militar.

Hoy vuelvo a mirar a los hombres representados en la escultura sujetando esa puerta que luego les quitaría la vida. Cada vez que paso por la plaza me fijo en esos hombres. ¿Qué estaban protegiendo? ¿Por qué lo hicieron?

Me sobresalto de mis pensamientos cuando Elsa nos avisa de que el museo está a punto de abrir. Todos siguen sentados. Erik, sin querer, toca mi mano, me giro, y mientras él hace ademán de pedir perdón, le miro, le sonrío y furtivamente también toco la suya con mis dedos. Por un momento ambos nos quedamos mirando con el reverso de nuestras manos simplemente rozándose.

David se ha dado cuenta del detalle, nos mira.

Con cara de desprecio aparta la mirada y se levanta del banco en dirección a cruzar la calle hacia el museo.

—¡Aaahhh!

¡Madre mía! David está gritando.

—¿Qué pasa? —Reacciona rápido Erik, separándose inmediatamente de mí y acercándose a David.

Al girarnos todos hacia donde David estaba caminando vemos, a unos metros delante de nosotros, a dos personas en el suelo como mareadas y con las manos en los oídos.

Nos quedamos mirando sin decir nada. Una es una señora mayor bien vestida y arreglada, y el otro es un joven de unos veinte años que supongo trabaja en la construcción de la obra cercana. Dirijo la mirada a nuestro alrededor en la plaza y, delante de la entrada del Museo Provincial, veo que hay más personas en el suelo en diferentes puntos.

Aparte de la señora que vi en la entrada de la iglesia de Santa Engracia, mientras venía caminando al encuentro, había visto unos jóvenes igual en la hierba de la plaza. Junto a los columpios un vagabundo se había quedado en un banco también mareado. Nada de eso me había llamado la atención. Pero hasta este momento ya he contado al menos siete personas así en diferentes puntos de la plaza. Los dos últimos los distingo desde aquí en la esquina más cercana al Edificio de la Cruz Roja junto a los coches aparcados, son dos señores con traje y corbata.

Pero eso no es lo que más me sorprende.

Lo impresionante es que ningún adulto se fija. Todos pasan a su lado y ni siquiera miran a los que están en el suelo.

En este momento la plaza está bastante concurrida porque hay un grupo importante de personas acercándose a las oficinas del Gobierno autonómico de la esquina contigua donde se encuentra el museo.

Nadie de ese grupo se sorprende o repara en las personas desplomadas.

Sin decirnos nada, y casi imitando a los adultos, seguimos nuestro camino hacia la entrada del museo.

Vuelvo la vista hacia lo lejos a la escultura del centro de la plaza buscando a los valientes representados que protegían por alguna razón las puertas de dos conventos.

En este preciso momento, las últimas palabras pronunciadas por aquel viejo varios años atrás, retumban en mi interior: la ciudad se desplomará.

CAPÍTULO 6

Jueves, 15 de diciembre de 2016
Hora: 10:00

David

Lo primero que te encuentras al entrar al Museo Provincial es un enorme vestíbulo. Tiene más de cinco metros de altura. Está delimitado por unas altas columnas con capiteles de esos antiguos que nos decían en clase que tienen como una especie de hojas de árbol.

—Corintio, David, capiteles corintios. —Era siempre la respuesta que cada vez que he venido con mi madre me daba después de preguntarle siempre lo mismo.

No te da tiempo a contemplarlo porque una persona muy amable a la izquierda te pregunta si necesitas ayuda. Lo más habitual es que esa persona te invite a que gires otra vez a la izquierda. Allí se encuentra un mostrador de Información con una señora preparada para explicar el museo o dirigirte a la parte que deseas ver. Hay unas estanterías con folletos y libros que te animan a curiosear antes de la visita.

La escena se repite hoy también.

Me la conozco perfectamente de la cantidad de veces que he venido antes con el colegio y con mi madre.

Aunque yo había cruzado el primero la calle hacia el museo, Sofía tomó la decisión de ir por delante así que me adelantó y nos apresuró a seguirla. Fue la primera en entrar. Como, según dice siempre, no le gusta perder el tiempo, directamente nos dirigió a la señora de Información para preguntar exactamente donde estaba la exposición de la época de la Roma antigua.

Me gustaría ser tan resolutivo como ella. Prefiero pensar mucho las cosas antes de hacer nada. Mientras la miro avanzar trato de adivinar qué pensaría sobre eso de estar mirando a un lado y a otro como hacen los turistas sin saber muy bien qué están observando. Le provoca sensación de pérdida de tiempo.

Siempre dice lo mismo. Me lo imagino como si hubiese estado dentro de su mente. Esta chica es imparable.

Nunca olvidaré cuando me dijo que la contemplación no es lo suyo. A ella lo que le gusta es actuar. Aunque su madre le insiste en que algún día la necesitará. Según me explicó ella suele decirle: «Estás viviendo una época muy bonita ahora que eres joven, y no paras, pero luego cuando crezcas y tengas una vida intensa, necesitarás dedicar algunos minutos a relajarte y reflexionar». El día que me lo contó estábamos los dos solos. Casi no me lo creía. Me había permitido que la acompañara un rato a casa después de las clases. Me emocionaba con todo lo que hacía, cómo caminaba, cómo se tocaba el pelo, su sonrisa, su boca. Estábamos de pie esperando a que el semáforo cambiara de color para obligar a los coches a dejarnos pasar. Me había empezado a hablar de ella y su infancia. No recuerdo cuántas veces cambió el color del semáforo sin que nos moviéramos. Me parecía una señal de que ella quería estar conmigo. La sentía muy cerca, el aroma de su colonia me encantaba y hacía que aún me aproximara más a su cuerpo.

Su pelo largo, pelirrojo y rizado hondeaba con el viento fuerte que soplaba ese día. Sus bonitos ojos verdes que apuntaban a un sitio en el infinito mientras me hablaba me impedían acompañarla con la mirada en la búsqueda de ese lugar lejano que estaba permitiendo que se sincerara conmigo como nunca antes lo había hecho. No dejaba de mirarla. Estaba preciosa, la hubiese abrazado y besado allí mismo delante de toda la gente, si no hubiese sido porque... no sabía si me correspondería.

Justo en ese momento fui consciente de que no la estaba escuchando. Y me sentí culpable. Qué injusto, no podía recordar lo que me había contado en los últimos minutos. No sé cómo, pero conseguí liberar la parte de la mente que me impedía entender sus palabras para terminar escuchando de sus labios que, aunque no le gustaba prestar atención a los consejos de su madre, entendía y apreciaba su comportamiento. Era consciente de todo lo que había tenido que vivir esa mujer con lo ocurrido a su marido. «Solo quería lo mejor para sus hijos...», fue la última frase que recuerdo de aquel momento antes de que cruzáramos la calle y nos despidiéramos al otro lado. Cada uno se fue en direcciones opuestas hacia nuestras respectivas casas.

Hoy me atrae tanto o más que aquel día, pero todo es diferente. Ella ha elegido y yo... ¡he perdido! Esto debe de ser como en las películas: el chico guapo se va con la chica. Y se termina.

—¡Venga! ¡Venga! No os detengáis. —Me rompe Sofía de mi abstracción mientras me toma del brazo derecho y me dirige al patio interior del museo.

Ya está, no debo pensar más en eso. Vamos al trabajo.

Llevaremos como unos cinco minutos dentro del museo. Ya atravesamos el patio interior. Me parece como si fuera un claustro de monasterio. Planta rectangular, seis columnas en los lados largos y cinco en cada uno de los dos más cortos. Siempre las cuento, no sé por qué. Miro hacia la parte alta de las columnas y me parece que son capiteles dóricos, ¿o serían jónicos? Está claro que no son como los de la entrada. La verdad, nunca me acuerdo, nos lo explicaron hace dos años en el colegio y reconozco que no sé distinguirlos. Estos soportan el techo del pasillo que protege las obras expuestas de la luz directa y de la lluvia que entra por la parte central del patio abierto. Las columnas realmente soportan un pasillo superior que se adivina por los pequeños ventanales alargados que rodean en la parte alta todo el patio. Siempre me fijo que terminan en un medio arco y están adornados a cada lado por otras pequeñas columnas con curvas superpuestas como si fueran dos botellas de Coca—Cola, una encima de otra.

Pero lo que más me gusta mirar es el adorno que rodea todo el perímetro por encima de esos ventanales. Es de madera oscura y está trabajado con tal grado de detalle que supongo que no lo pudieron hacer cuando estaba montado. Mientras me muevo, el frío lo siento muy fuerte al atravesar el patio. Miro hacia el cielo. Puedo tocar los miles de hojas de los árboles que entran y salen impulsadas por este viento tan insistente.

Observando a todos los lados del rectángulo, en la parte del porche, se pueden ver algunas de las esculturas o piedras talladas colocadas para la exposición. No distingo ninguna de la época que estamos buscando. Directamente veo que Sofía se dirige hacia el fondo izquierdo donde unas grandes cortinas negras dejan adivinar la entrada al interior de la parte del museo que nos han indicado. La sigo. Me giro. Veo que los demás me siguen también. Sonrío para mis adentros de la capacidad de esta chica de conseguir que los demás hagan lo que ella quiere.

Mi problema es que no puedo ser objetivo con ella. Todo lo que hace, me parece bien.

Como siempre me pasa que entro a esta zona del museo, tengo que esperar unos segundos para aclimatarme a la luz. En la calle, aunque hace frío, el sol está brillando, pero el interior está muy oscuro.

Lo primero que vemos son una serie de mosaicos que se han encontrado en algunas casas de la zona antigua de la ciudad en las últimas obras de remodelación. Miro a Sofía. Sabe claramente que eso no es lo que está buscando. Rápidamente gira la cabeza y se dirige hacia la derecha de la sala, totalmente firme, como si tuviese decidido de antemano el objetivo de la visita.

Nos acercamos a su lado. Me encuentro rodeado de mis tres compañeros de pie mirando las vitrinas. Ahí están expuestas las monedas romanas que se encontraron en Caesaraugusta, nombre que dieron los romanos a la ciudad y aquí lo resaltan por todos los sitios.

Me doy cuenta de que, sin saber el motivo, he ido siguiendo a Sofía como si fuera un corderito. Yo me hubiera quedado un poco más de rato en el patio interior para ver si alguna de las esculturas podía ser romana. En cambio, ella, de una mirada, decidió que no había nada. Espero que no nos confundamos y tengamos que dar la vuelta después.

—Parece que la profesora no nos mintió. —Elsa habla en voz alta y consigue que todos miremos a través de la vitrina—: Según dice aquí, la ciudad se fundó siguiendo unas consignas especiales. Fue el propio César Augusto quien tomó la decisión. Se funda justo el día del solsticio de invierno y nada menos que el año 14 a. C.

—¿Has dicho el 14 a. C.? —pregunto sobresaltado mientras rebusco uno de los libros que traía en la mochila.

Cuando por fin lo tengo y encuentro la página que estaba buscando, digo:

—¡No os vais a creer la coincidencia! —Los miro a todos a los ojos y sigo—: Porque César Augusto muere el 14 d. C. —Me quedo un momento en silencio revisando la página, y continúo—: Según esto, él tenía 50 años cuando se fundó.

Sofía, con voz casi autoritaria y tratando de tener la razón, interviene:

—Me parece que estáis tratando de buscar coincidencias donde no las hay. De hecho, se funda el 23 de diciembre y él muere el 19 de agosto. O sea, nada de nada.

—Yo no estaría tan seguro de que no hay coincidencias —interrumpe Erik y, sin querer, Sofía se gira molesta (me parece que no le ha hecho gracia que le lleve la contraria), pero Erik continúa—: En esas fechas puede que no, pero mira. —Señala los escritos que hay en las vitrinas—: Según esto, el *Decumanus* está orientado para que reciba la luz del amanecer el 23 de diciembre.

O sea, que el emperador Augusto funda la ciudad el día del solsticio de invierno. No sé si lo dijo la profesora el otro día en clase o me lo habían dicho por otro lado. Esta información, no sé por qué, me resulta extraña y misteriosa a la vez. ¿Por qué escogió justo ese día?

Todos leemos el texto y volvemos hacia nuestra izquierda donde habíamos visto antes el mapa de la ciudad antigua. Medirá unos dos metros de ancho por tres de largo y está colgado en la pared. Me gusta porque es de un tamaño suficientemente grande para que al menos un grupo de personas, aquí de pie, lo podamos ver sin problema. Además, han señalado con varias lucecitas los diferentes hallazgos que ha habido en el centro histórico de la ciudad. Distingo perfectamente las dos vías principales que dibujaron los romanos para comenzar con el diseño.

Sofía mira hacia atrás y hace un gesto en silencio. En ese momento se acerca un grupo de turistas, atentos, escuchando la explicación de una guía del museo. Entendemos lo que dice Sofía. Nos unimos al grupo sin que se nos note mucho entre la gente. No hemos pagado por la visita guiada.

La guía, una mujer alta, de pelo canoso, largo por detrás, de unos sesenta años, lleva puesta una túnica larga de color blanco como si estuviera en la Roma antigua. Le señala al grupo el plano de la ciudad y explica con voz alta el *Cardus* y el *Decumanus* orientados de norte-sur y este-oeste, típico en todas las ciudades que fundaba Roma en aquella época.

Menciona los descubrimientos en la ciudad sobre el mapa vertical: el foro, las termas, el anfiteatro y las murallas. Comenta algunos detalles que los turistas preguntan. No deja de ser una explicación normal en un museo normal, en un día normal. Miro a Sofía. Veo que mira al mapa de manera diferente y cada vez que la guía señala las calles, Sofía vuelve a mirar el plano.

Me parece que no va a ser un día normal.

La veo inquieta. Parece que quiere preguntarle algo. No lo hace. Es extraño porque ella nunca se frena si quiere preguntar cualquier cosa en clase o cuando está en grupo.

La guía sigue explicando la historia sobre cómo se fundó la ciudad.

—… mediante el acto fundacional, un sacerdote guiando dos bueyes que tiraban de un arado de oro. Lo hundía en la tierra para dibujar los límites de la ciudad. Mientras, en este caso particular…

¿Por qué habrá dicho lo de «en este caso particular»? Supongo que lo harían en todas las ciudades. Se habrá confundido. Lo habrá repetido tantas veces que es normal, es comprensible que se equivoque alguna vez. ¿O no?... Bueno, da igual, con esto de la ciudad sagrada no hago más que ver misterios en cualquier cosa.

—... había una persona poniendo toda la tierra que salía del surco en la parte interna donde estaría la ciudad, porque entendían que era tierra de la ciudad sagrada. —Termina la guía y se retira un poco permitiendo a los turistas acercarse al mapa.

Prácticamente lo mismo que nos habían explicado en clase, pero esta mujer lo vive. Lo cuenta de tal manera, que parece que hubiese estado allí. Y por un momento lo he pensado a través de sus ojos oscuros y la piel arrugada de su cara que muestra cómo el sol puede llegar a dejar su señal en las personas. Ese bronceado, claramente, no lo ha conseguido trabajando en un museo. La veo como una heroína en un tiempo pasado activa día a día bajo el aire libre. Pero hoy es una guía en un museo. ¿Cómo habrá sido su vida?... Otra vez me encuentro soñando despierto. Me encanta imaginarme que detrás de cada persona hay un mundo oculto del que solo tendré una oportunidad para conocerlo. Esta señora es el prototipo perfecto para mi lista de personajes misteriosos cuando escriba un libro.

Bueno, eso será en otro momento.

La mujer se acerca de nuevo, señala el plano del centro de la ciudad mostrando el límite de la parte antigua trazada por el arado con las calles actuales: avenida César Augusto y Coso. Explica dónde el arado se levantó. Fueron cuatro veces en las diferentes puertas futuras de la ciudad norte, sur, este y oeste. En ese momento la guía comenta:

—Una de ellas se llamaba Puerta Cinegia, y supongo les suena el nombre si han paseado por el centro de la ciudad. Otra era la Puerta Este, que posteriormente se llamó Puerta de Valencia y donde actualmente está ubicada la iglesia de la

Magdalena. Al norte había otra puerta que daba salida al puente sobre el río Ebro, y, al oeste, la puerta que a futuro se llamaría Puerta de Toledo y da salida al actual Mercado Central.

Al terminar la explicación avanza con el grupo hacia la siguiente sala de la exposición. Seguimos de pie mirando el mapa, o más bien, acompañando a Sofía mirar el mapa.

Me giro hacia donde se ha ido el grupo. Veo que la guía se está adelantando hacia otra zona. Se gira de pronto y ve que falta un grupo de jóvenes que están mirando el plano: nosotros. Sin quererlo, hemos conseguido que crea que somos del grupo y ahora viene hacia aquí. Nos van a amonestar y quizá incluso nos echen del museo. Menuda vergüenza.

Cuando la guía llega donde estamos, Sofía se adelanta, la mira y le dice:

—Hay algo que no entiendo. —Se calla y mira a la guía a los ojos—. Hasta ahora hemos visto este plano del centro de la ciudad con el punto del cruce del *Cardus* y el *Decumanus*. En clase nos explicaron que Zaragoza fue elegida por los romanos por la intersección que se forma por los ríos Gallego y Huerva al desembocar en el Ebro. Los ríos coinciden con orientación norte—sur y este—oeste, pero si ponemos este plano de la ciudad que nos muestra usted y lo orientamos correctamente, la calle Don Jaime y la calle Mayor...

Sofía se calla un momento y luego, mirándola a los ojos, le dice:

—... no están orientadas al norte-sur y este-oeste.

Se produce silencio.

Nos quedamos todos fijamente mirando a la guía esperando que conteste con rapidez. Esta chica no para de sorprenderme. No entiendo el porqué de la pregunta, pero me parece que la respuesta debería llegar en cuestión de segundos.

En cambio, nos quedamos todos impresionados porque la guía se pone colorada y se mantiene en silencio. Gira la cabeza a un lado y a otro. Se para su mirada cuando ve que el guarda que está de pie a la entrada de la sala, la mira. Nos vuelve a mirar de nuevo. Aprieta los labios como tratando de sellar la boca. Está muy nerviosa.

Le digo a Sofía en voz baja para hacerme el gracioso y tratando de romper este momento tan incómodo:

—No lo sabe.

Sofía se gira hacia mí con cara de desaprobación por mi comentario. Vuelve a mirar a la guía. Esperamos todos a su reacción. Nos vuelve a sorprender porque, sin decir nada, se retira con el grueso del grupo. Nos miramos los cuatro con cara de no saber qué acaba de pasar. Sin darle más importancia continuamos la visita por el museo para terminar el trabajo de clase.

El resto de la exposición hoy no me interesa. Seguimos caminando rápido por los pasillos.

Por fin terminamos la visita. Sofía se ha quedado un poco atrás en el patio interior mirando una piedra que parece de la época romana. Los otros tres estamos de pie junto a la puerta, esperándola. Justo cuando nos preparamos para salir del museo, miramos todos a Sofía desde lejos. La chica se da cuenta de que la observamos y pone cara de no entender qué le estamos diciendo con los gestos que cada uno hace. Por fin se gira y noto que se sobresalta al ver a la guía que se acerca a ella en silencio. La mira a los ojos y le extiende la mano para despedirse.

Veo a Sofía extrañada por el gesto que usan solo los adultos. La imita y también le extiende la mano. Se estrechan ambas la mano. La guía le dice algo en voz baja que no conseguimos escuchar.

La mujer de la túnica blanca se retira hacia el interior del museo. Nuestra amiga está como paralizada de pie apoyada en una de las veintidós columnas que forman este patio interior del museo.

No habla, solo mira su puño cerrado donde desde la distancia distinguimos un pequeño trozo de papel blanco que sobresale por el lateral.

CAPÍTULO 7

Jueves, 15 de diciembre de 2016
Hora: 11:00

Sofía

Entrar en un museo normalmente suele ser muy aburrido, sobre todo si no tienes una misión clara. Fue papá quien consiguió que mis hermanos y yo encontráramos algo más en estos sitios. No es que hayamos viajado mucho en nuestra vida, pero por insistencia de papá en los últimos dos años, durante las vacaciones de verano, hemos ido a Inglaterra, Francia e Italia en el mismo verano. La verdad es que no era una insistencia exagerada de él porque, cuando lo propuso el primer año a todos nos pareció muy bien. «Estar en tres países diferentes en el mismo verano, genial», fue el primer pensamiento que tuve cuando lo dijo.

Las vacaciones siempre las hemos decidido los cinco juntos, hasta este pasado verano. Un día en el mes de mayo fijábamos una hora y un día para que cada miembro de la familia tuviéramos que presentar una propuesta, sobre todo indicando por dónde queríamos ir, y qué íbamos a hacer. Siempre pensé que mis padres eran un poco raros. Cuando con mis amigas pregunté quien más lo hacía, confirmé que eran especiales, en ninguna de las familias de mis amigos se hacía. A mí me gustaba, porque cada uno proponía lo que se le ocurría y acabábamos todos riéndonos. Estaba muy bien, sobre todo, porque me di cuenta en los últimos años de que lo hacían para que aprendiéramos geografía. Teníamos que presentar a los demás en un mapa dónde queríamos ir. Los primeros años en el atlas, pero luego ya pasamos a diseñar las vacaciones delante de la pantalla del ordenador conectados a Internet, mirando, moviendo y aumentando los mapas todo lo que queríamos.

Así que hace dos años, cuando lo propuso, ganó él con su propuesta y nos lo pasamos muy bien. Lo curioso es que, al siguiente año, volvió a proponer lo mismo, de hecho, propuso visitar las tres ciudades donde habíamos estado más tiempo el pasado año: Londres, París y Bérgamo. Lo propuso de tal manera, que aquella noche nos miramos los hermanos y mamá muy extrañados. Fuimos incapaces de hacer otra propuesta diferente.

Repetimos y volvimos a pasárnoslo muy bien.

Aunque hubo algo diferente. Recuerdo que el segundo año papá se ausentó durante un día entero en cada una de esas tres ciudades y nunca nos dijo lo que había hecho en su «día libre de padre», como él dijo justificándose. Mamá no parecía preocupada porque quedaba claro que sabía lo que hacía él. La verdad es que se llevaban muy bien. Eran muy distintos, uno era como la montaña y el otro como el valle, pero eso era lo más especial porque siempre llegaban a un acuerdo.

El problema es que esa fue la última vez que fuimos de vacaciones juntos, el verano del año pasado.

Lo que más recuerdo de las visitas en esas tres ciudades fueron los museos a los que nos llevó. Estuvimos en los principales de las tres y en cada uno se inventaban una especie de juego de pistas como ellos decían. No me olvidaré nunca cuando, en mitad de la National Gallery de Londres, mi hermana mediana, al entrar en una sala gritó: «¡Un Van Gogh!». Consiguió que todos la miraran en la sala, nosotros llenos de vergüenza y nuestros padres llenos de orgullo.

Hacían que todo pareciera especial. Recuerdo que, cuando visitamos París, tuvimos que dibujar la fachada de la catedral de Notre-Dame, contar cuántas estatuas había y las diferentes formas geométricas. Lo hicimos, aunque hay que decir que era la condición que se inventaron aquel día para ir al día siguiente a Disneyland. Por supuesto lo finalizamos sin protestar.

Pero nunca llegué a entrar con él al Museo Municipal de Zaragoza. El museo más importante y antiguo de la ciudad nunca lo llegamos a visitar juntos. Me pregunto qué juego de pistas nos habría organizado. Ya no lo sabré.

Por lo menos nos enseñó a disfrutar buscando cosas que los demás no veían. «¿Cuantas personas creéis que se han dado cuenta de ese detalle?» era la típica frase que escuchábamos de él en los museos. Y por eso hoy me había parado durante un buen rato mirando una piedra que tienen aquí.

Según indica, es una pieza de un sillar de la puerta romana del este de la ciudad, la que luego llamarían la Puerta de Valencia. La explicación está en un cartelito pequeño blanco junto a la piedra. Es un sillar cuadrangular y ejecutado en piedra de yeso de color gris. Mide 80 cm de ancho por 57 de alto y 91 de fondo. En la parte de la izquierda de la cara que estoy mirando hay unas inscripciones en letras romanas en seis líneas. Trato de leerlas, pero no todas las filas están completas. En la parte derecha no hay nada inscrito, pero es evidente que algo hubo porque está desgastado, como si le hubiesen dado con algún tipo de herramienta para borrar lo que allí había y ahora no se lee nada.

Pero de pronto todo eso ha desaparecido de mi mente cuando la guía se me ha acercado y me ha hablado. No sé si estaba más sorprendida por sus palabras o porque he notado al estrecharle la mano un papel arrugado que, al soltarnos, se ha quedado en mi puño cerrado, mientras la guía se ha despedido con una sonrisa cómplice.

Me he quedado helada, y soy incapaz de moverme. Me giro a mi alrededor. Estoy sola de pie junto a la piedra que estaba contemplando. La guía se ha ido y mis amigos me están mirando a unos metros de distancia. Por un momento he pensado que esa mujer estaba loca. Pero la forma en la que me ha mirado y hablado era de una persona totalmente cuerda y con cierto misterio en su expresión.

Al mirar a los que están presentes en ese momento, veo que el guarda del museo se ha percatado de la escena. Creo que no ha visto el papel, pero está llamando a alguien por el móvil. Mira a la guía. Nuestros ojos se cruzan y, sin dejar de observarme, mantiene una conversación muy corta por el teléfono. Algo le han debido de decir que lo ha incomodado porque rápidamente me retira la mirada y se mete de nuevo por las cortinas negras a la sala donde está el mural de la ciudad con el *Cardus* y *Decumanus*.

Sigo sola de pie en el patio junto al sillar romano. Mis amigos no se han movido de donde estaban y siguen mirándome.

Abro el papel y leo lo que pone. Debajo del texto hay dibujado un círculo y en su interior un rectángulo en el que hay líneas que unen las dos mitades del rectángulo. Una pequeña figura formada por dos cuadrados está situada donde se cruzan las líneas interiores. Lo más llamativo es que, con respecto a la orientación del trozo de papel y el texto de encima, el rectángulo está girado un poco hacia la derecha.

No sé qué pensar, mis amigos siguen atentos a la escena, pero en este momento se produce un tumulto porque se juntan los dos grupos de turistas, uno acaba la visita guiada y el siguiente está a punto de comenzarla. Nos encontramos apretados entre un montón de gente y quedo totalmente sorprendida al ver a Elsa con gran destreza y fuerza hacer un pasillo perfecto entre los dos grupos para que podamos salir del museo.

Ha sido increíble. La próxima vez que me encuentre atrapada entre un montón de gente, quiero tener a Elsa a mi lado.

—Muchas gracias —le digo al pasar a su lado, guiñándole un ojo.

Supongo que también ayuda el hecho de ser muy alta y grande (mide lo mismo que Erik y de hecho es la pívot de su equipo de baloncesto) y el color negro de su piel que contrasta con la del resto de la gente aquí. Además, hoy lleva un abrigo largo negro, gorro de lana blanco con visera de esos grandes para meterse el pelo y se ha levantado el cuello dándole un aspecto de seriedad. Cuando se ha puesto a extender los brazos entre la gente para hacernos pasillo con una gran sonrisa, se han apartado todos mirándola seriamente y, por las caras que ponían, pensaban que sería parte de la organización del museo.

De pronto por detrás se le acerca el guarda que estaba en el interior, la coge del brazo y le dice algo al oído. Elsa tira fuerte con cara de dolor para separarse de él. Le hace un gesto como que no le entiende y no me extraña con el follón que hay aquí. El hombre lo dice más alto y alcanzo a oírlo:

—¡Llévate a tu amiga de aquí cuanto antes y no hagáis ni caso de lo que os cuente!

Elsa con varios movimientos de brazo entre gritos y empujones de la gente, consigue soltarse del hombre. Lo mira frunciendo el ceño con cara de pocos amigos mientras el hombre se escabulle y desaparece de nuestra vista. Me mira con los ojos abiertos mientras baja los brazos y permite que la propia muchedumbre la lleve hacia la salida. Las dos nos miramos y encojemos de hombros.

La gente nos arrastra y ya estamos juntas en la entrada.

—¿Qué mierda es esta? —me dice Elsa, encogiendo todos los músculos de la cara. —¿Quién era ese tipo?

—No tengo ni idea —le contesto.

En su mirada veo que está tan confundida como yo.

Entre los nervios de la gente, lo ocurrido con la guía y ahora con el guarda, salgo del museo bastante confundida, y tan despistada que me tropiezo con dos personas que están desplomadas en la calle. Casi grito del susto, pero consigo controlarme. Me doy cuenta de que están bien vestidos. Esto es de locura, «¿qué está pasando en esta ciudad?». Me giro hacia el vigilante de la puerta señalando a los del suelo y este se encoge de hombros, no sin antes llevarse la mano al oído y cerrar los ojos como si algo le molestara de repente. Enseguida se le pasa, aunque soy capaz de distinguir un punto de sangre que le aflora por el oído izquierdo. Deja de mirarme y trata de ayudar en la confusión a los dos grupos entrando y saliendo a la vez. Pero no puede, decide sentarse en la silla que tiene detrás.

Si yo estoy sorprendida, no es nada comparado con la cara de Elsa y de David. Erik es menos expresivo, pero creo que en el fondo está tan desconcertado como nosotros. Miramos a todos sitios y en cualquier esquina de la plaza hay alguien en el suelo.

—¿Qué está pasando aquí? Toda la gente se está cayendo por la calle —comenta David.

—Lo que más me asombra —dice Elsa—, es que la gente que pasa no se sorprende de los que están caídos.

—Los mayores no le dan importancia, no le demos más nosotros —digo mientras seguimos saliendo del museo—. ¡Vamos a terminar el trabajo que hay que presentarlo antes del día de Navidad!

En este momento se me giran todos y, mirándome fijamente sin decir nada, saco el papel que me había dado la guía del museo. Ven un pequeño papel arrugado que, al estirarlo, pueden leer lo que hay escrito en él: «Calle Mayor 1, piso octavo» y el símbolo:

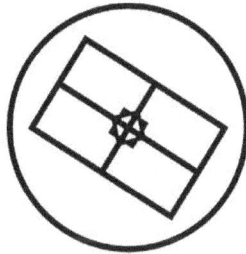

Me miran y David pregunta:

—¿Te dijo algo más aparte de darte la nota?

Me quedo un momento pensativa y, tras un rato de silencio, repito las palabras de la guía:

—«No dejes de visitarle, él te dará la respuesta». —cito textualmente.

CAPÍTULO 8

Jueves, 15 de diciembre de 2016
Hora: 15:30

David

Si no hubiera sido por el entrenamiento de remo que nos habían puesto hoy, me habría quedado más rato. Me hubiese gustado estar a solas con Sofía. Que me hubiese contado a mí, solo a mí, lo que exactamente le había dicho la guía del museo. Me hubiese gustado sentarme con ella a solas en un banco de la plaza enfrente del museo. Mientras la hubiese rodeado con el brazo por los hombros, ella habría apoyado su melena pelirroja en mi pecho. Me habría contado «solo a mí», lo que había sentido. Estoy seguro de que no tuvo miedo, pero algo tuvo que sentir mientras la mujer le daba aquel papel. Quiero saberlo.

Cuando ya me hubiese contado todo, yo la habría acariciado el pelo. Acto seguido, ella, sin yo esperarlo, habría elevado la cabeza para mirarme a los ojos. Hubiésemos estado así un par de segundos hasta que ella hubiese dirigido su mirada a mis labios. De improviso, me habría puesto su mano izquierda por detrás de mi cuello...

—¡Eh! David, ¿qué pasa? ¿Dónde estás?

Las palabras de Jon me acaban de despertar. Otra vez me he puesto a soñar despierto. No me lo puedo creer. El problema es que me está pasando demasiadas veces últimamente... y con ella.

—Nada, nada —miento—, pásame por favor un poco de agua.

Mientras señalo con el dedo la botella de vidrio que tenemos sobre la mesa, miro al resto de los diez compañeros del equipo de remo. Ya nos han servido el segundo plato. Me he debido de aislar de las conversaciones al tiempo que me perdía en mis sueños.

Por lo menos me he quedado con el sueño porque la realidad fue que, justo cuando Sofía nos mostró el papel que le entregó la guía a la salida del museo, me tuve que despedir rápidamente ya que hoy celebrábamos la comida de Navidad del equipo de remo.

Nos llevamos muy bien. Son como mi segunda familia. Estamos entrenando juntos desde hace casi seis años y la verdad es que no nos ha ido mal. ¿Cuatro o cinco veces conseguimos el primer premio en la competición nacional? Nunca me acuerdo porque las confundo con las que hemos ganado en las regionales. Bueno, da igual. Nos llevamos bien y se nos da bien. El que nos vea desde fuera dirá que estamos todos marcados por el mismo patrón: la misma estatura, la misma complexión. Creo que solo nos distinguimos por el color del pelo porque incluso el nivel de bronceado es casi el mismo de la cantidad de horas que entrenamos.

—Toma. —Me aproxima Jon la botella y con una sonrisa irónica me sirve en el vaso.

—¿Qué pasa? —le pregunto, ante su mirada, medio desafiante.

Jon y yo nos hicimos amigos el mismo día que llegó, ya hace cuatro años. Viene de Bilbao y su familia decidió instalarse en esta ciudad por la fama del equipo de remo. Aunque el río Ebro no aparenta estar muy limpio, han conseguido mantener el nivel del agua muy bien y desde siempre se ha practicado este deporte. Durante los ratos de entrenamiento me consigo evadir completamente de la realidad. Luego acabo necesitando esa sensación continuamente. En los próximos días, en navidades, no vamos a entrenar. Me parece que lo voy a pasar bastante mal.

—Supongo que es una chica, ¿no?

Me lo tengo que hacer mirar, en una misma semana me lo dice mi madre y mi mejor amigo. Nos llevamos tan bien que es difícil guardarse secretos entre uno y otro.

Pero esto, no me apetece compartirlo.

—No, no —vuelvo a mentir—, es por mi madre. La veo cada día más triste, como más apagada.

En ese momento el entrenador se pone de pie. Ya tendrá cerca de treinta años. Como se le caía mucho el pelo, decidió raparse completamente hace un año. Con las espaldas tan anchas que tiene y los brazos supermusculosos, parece un personaje de película americana de esos que están recluidos en una cárcel y cada dos por tres se están peleando. Hoy está contento. Resulta raro verlo así, porque en los entrenamientos es el tipo más duro que conozco. Lo bueno que tiene es que, cuando se relaja, es otra persona diferente, incluso alguna vez cuenta chistes. Ahora levanta el brazo con un vaso de agua y grita.

—¡Feliz Navidad a todos!

Hacemos lo mismo y repetimos tan alto que se giran las veinte personas que, junto a nosotros, llenan este pequeño restaurante del casco viejo de la ciudad.

—¡FELIZ NAVIDAD, ENTRENADOR!

Pero, de pronto, vuelvo a tener la misma sensación desagradable que había tenido ya esta semana. Esta vez es más llamativo porque se oye un fuerte ruido de cristal roto.

El vaso que sujetaba el entrenador está esparcido por el suelo, el agua ha salpicado a todos los que estaban alrededor y él… él se está cayendo. Apoya rápidamente los brazos en la mesa. Los compañeros que están a su lado tratan como pueden de sujetar semejante masa de músculos sin conseguirlo.

¡Oh, Dios! ¡Le está sangrando el oído izquierdo!

Se acerca la mano para parar la hemorragia. Entonces se desequilibra y escuchamos el ruido de su cabeza golpeando la mesa. Todos los del restaurante se han girado. Los adultos lo miran, pero siguen sentados. Los compañeros que están más cerca de él se han puesto de pie y lo están rodeando. Varios de mis amigos han sacado el móvil y están llamando al servicio de emergencia. El ruido es enorme, hay mucho eco en este local. Veo que algunos se van corriendo de la sala. Solo siento ruido y más ruido. No sé qué hacer.

Jon me mira con los ojos totalmente abiertos. Está pálido.

—¿Qué está pasando?

Lo miro. No suelto la mirada. Casi puedo distinguir todos los detalles de sus pupilas.

No le puedo responder. Solo pienso en lo ocurrido en los últimos días.

CAPÍTULO 9

Jueves, 15 de diciembre de 2016
Hora: 16:30

Sofía

—Bueno mamá, me voy.

—¿Tan pronto, hija? —pregunta mientras me estoy levantado de la mesa.

Hoy la veo más guapa. Lleva unos días inquieta como si estuviera esperando algo. No para de moverse por la casa, entra y sale del despacho de papá que, desde que nos dejó, se mantiene intacto. Las veces que paso por el pasillo y la veo dentro me paro a observarla. Camina por la habitación mirándolo todo, levanta los papeles de la mesa y los vuelve a poner, coge la cartera que tenía papá en el suelo, la abre, mira dentro, la vuelve a cerrar y la vuelve a dejar en el suelo apoyada junto a la pared. Es casi como una rutina. Desde que papá desapareció no ha dejado de hacerlo, pero en los últimos días lo repite más a menudo. Además, no para de llamar a su hermana. Incluso algún día me parece que hasta se ríe por teléfono. La verdad es que pocas veces lo ha hecho en el último año.

La miro sentada en la mesa de la cocina junto a mis hermanos que no paran de observar todo lo que hace. La pequeña no ha dejado de hacer risitas cada vez que mamá se levantaba y se movía por la cocina. Ahora tiene su codo derecho apoyado en la mesa y su carita no aparta su mirada de mamá.

Me acerco a mamá y, sin decirle nada, le doy un abrazo mientras ella sigue sentada. Noto cómo apoya su cara en mi cuerpo y se deja acariciar. ¡Qué orgullosa estoy de ella!

Se oye el timbre de la casa.

—¡Ese es Erik! —digo apresurada mientras me voy hacia la puerta—. Estamos muy metidos con el trabajo de Historia. El

66

grupo que me ha tocado es muy majo —suelto, como excusando la prisa que muestro.

—¿Quién está en tu equipo? —Siento que me lo pregunta porque no quiere perderse ningún detalle de lo que me pasa. Me gusta que lo haga.

—Está David... —Empiezo a contar con los dedos como si fuera un grupo numeroso—. Ese que va conmigo desde pequeña. —Mi madre me sonríe, pero no entiendo por qué—. Elsa, Samuel, el chico raro, y Erik. Está yendo todo muy...

Mamá me mira porque me he parado y no sé cómo continuar. Abre los ojos, apoya los brazos en la mesa para ponerse de pie. Se me acerca, me pone las manos en los hombros.

—¿Va todo bien, cariño?

Las palabras de mamá me obligarían a contarle todo lo que nos ha pasado desde lo de la profesora en clase, la guía del museo, el papel, la gente desequilibrándose por la calle. Pero no sé si lo que tengo en la mente es una tontería o no. Prefiero confirmarlo antes de contarle nada.

—Sí, sí, mamá —le digo como sorprendida de la obviedad de la respuesta—. Por supuesto. Ahora me voy que hemos quedado en la calle Alfonso con el resto.

Le doy un beso, me despido de mis hermanos con la mano en alto, me devuelven el saludo y salgo corriendo.

Suelo bajar los siete pisos por la escalera, pero hoy el ascensor será el que me haga el viaje más rápido. Cuatro, tres, dos... me gusta ver los números en la pantallita. Cero, por fin. Abro la puerta de un empujón para salir a abrir a Erik y... ya está dentro del portal. Es verdad, le he abierto con el portero automático cuando le he dicho por el interfono que bajaba.

No hago más que cerrar la puerta del ascensor cuando se me aproxima, me mira, pone sus brazos detrás de mí y noto sus manos en la parte baja de mi espalda. Me pongo de puntillas mirándolo fijamente a los ojos. No hay nadie más en el portal y tampoco nos pueden ver desde la calle porque Erik ya se sabe bien el ángulo muerto que hay en el recodo de la salida de los ascensores, así que lo que hagamos solo lo sabremos los dos.

De pronto nos sobresaltamos ambos y, como acto reflejo, nos separamos.

Algún vecino ha llamado al segundo ascensor que tenemos y el ruido nos ha cortado el momento. Observamos que el ascensor se eleva. Nos miramos y, como si fuéramos unos chiquillos pequeños que nos han pillado haciendo algo muy malo, sonreímos.

Erik me coge del hombro y salimos a la calle hacia la plaza Aragón.

—Estás muy guapa —noto que me dice mientras caminamos.

Le suelto el brazo del hombro, me paro, me separo, le miro y le digo:

—Pero si casi no me has mirado.

Erik se ríe y me mira de arriba abajo. Casi me hace sonrojar cuando se para con la mirada un par de veces.

—Deja de mirarme así —le digo rápidamente y le cojo de la mano tirando de ella para que sigamos andando.

Justo al cruzar el semáforo del paseo Constitución, Erik se para.

—¿Por qué le preguntaste eso a la guía del museo? —Se gira y me mira con ternura a los ojos.

Me ha cogido desprevenida, estaba simplemente mirando a la gente que cruzaba la calle con nosotros.

—Porque… —comienzo, dubitativa, ya que me ha parecido que el señor que estaba a nuestra derecha se había parado a escucharnos. Cuando veo que se aleja, continúo—: El otro día en clase cuando lo explicó la profesora, había algo que no me cuadraba.

Me está mirando como si revisara cada rincón de mi cara. Le he contestado a lo que me ha preguntado, pero creo que no está atento a eso. Ha dejado de pasear su mirada y ahora sus ojos están dirigidos a mi boca.

—Me gustas mucho, Sofía.

Y sin que me dé cuenta, me acaba de dar un beso en la boca en mitad de la calle. Pero, ¿qué hace? Ya le he dicho que no quiero que nos vean besarnos en público.

Aunque tengo que reconocer que me ha gustado. Me he vuelto a estremecer por dentro cuando lo ha hecho.

Me vuelve a coger la mano y toma la iniciativa para seguir caminando hacia el paseo Independencia.

De pronto, y sin que me esperara ninguna conversación más, le oigo:

—Por cierto, ¿te pasa algo con David? —Sigue andando sin mirarme y continúa—: Veo que te mira raro.

Soy incapaz de contestarle.

CAPÍTULO 10

Jueves, 15 de diciembre de 2016
Hora: 17:00

David

Desde que hicieron peatonal la calle Alfonso hace pocos años, la gente de esta ciudad se ha sentido más dispuesta a caminar por el centro histórico. Se paran con tranquilidad en el comercio antiguo. Siguen caminando en dirección al río y acaban encontrándose con la basílica. Siempre que miro hacia el fondo de la calle desde la posición en que me encuentro, me apetece llegar al final. Me gustaría comprar esos dulces típicos de Zaragoza para terminar persiguiendo a las palomas por la plaza del Pilar. Seguro que allí encontraría muchas compitiendo por comer las semillas que los niños les tiran al suelo. Cuando los miras, ves que todos tienen la intención de conseguir atrapar una en la mano y hacerse una foto.

Recuerdo que, cuando era pequeño, es lo que hacía con mi padre y mi hermano pequeño. Hoy ya no me planteo eso, mi padre no está y con dieciséis años no me veo corriendo detrás de esos pájaros. ¡Qué pensaría la gente si me vieran!

La espera al principio de la calle se me está haciendo larga, pero soy consciente de que he llegado diez minutos antes de la hora. Además, lo del desmayo del entrenador me ha dejado nervioso. Ya es la segunda persona cercana que haya visto en los últimos días a la que le pasa lo mismo.

A mi espalda tengo la calle Coso donde han suprimido el tráfico para construir las dos vías del tranvía sin poder dejar espacio para que vehículos y peatones circulen a la vez sin peligro. Mejor. Lo prefiero así a como estaba antes.

Estoy rodeado de edificios que me hacen imaginarme en el final siglo XIX. Según nos contaron en clase, fue después de la Guerra de la Independencia cuando la ciudad invirtió en reconstruir el casco histórico y la calle Alfonso fue una de las que más se transformó. Los ricos de aquel tiempo tuvieron que seguir unas normas de construcción que a día de hoy se han conservado en su mayoría, pudiendo ahora mismo disfrutar de esas simetrías, mismas alturas, miradores de hierro y cristal en los chaflanes de los edificios. Es como un viaje en silencio al pasado simplemente con la mirada.

No paro de sorprenderme con el paisaje desde aquí, ya no tanto por el entorno arquitectónico, sino por la gente. Es increíble la mezcla. Aunque es invierno, sopla el fuerte cierzo y hace frío, la calle está llena. Confluyen en la misma vía personas de diferentes edades, grupos, individuos solos, parejas, familias, diferentes culturas y razas, algunos se paran en las tiendas, otros simplemente caminan por el medio, pero todos llevan la misma dirección: hacia el Coso o hacia El Pilar, muy pocos se sumergen por las pequeñas callejuelas que aparecen a sus lados.

Lo que más me sorprende es ese equilibrio que se percibe en esta ciudad, tanta diversidad… en armonía. Este es uno de los sitios donde creo que más se nota. Por eso, he venido antes, para observarlo.

—¿Llevas mucho rato esperando?

Doy un salto porque estaba tan distraído en mis pensamientos que no les oí llegar por detrás.

—¡Uy! Perdona. —Veo la cara de Elsa disculpándose. Mi expresión ha debido de ser transparente para mis sentimientos—. Me parece que te hemos asustado.

Miro a su lado. Sofía y Erik juntos de la mano. Noto como ella le suelta al ver que dirijo allí mi mirada. Han llegado los tres a la vez.

—No, tranquila —contesto girando rápidamente la cabeza hacia la basílica—. Estaba mirando el paisaje que hay desde este punto.

Siento que Sofía se adelanta, se pone a mi lado mirando también hacia el fondo de la calle.

—Siempre me he preguntado —comienza a decir mientras los otros dirigen su mirada al fondo—¿por qué está descentrada esta geometría?, es como si el equilibrio lógico de la alineación se hubiera distorsionado.

¡Equilibrio! Últimamente no paramos de utilizar la misma palabra. Aunque no sé a lo que se refiere en este momento.

—¿Veis la cúpula central? —Sigue Sofía con la explicación manteniendo la mirada fija—: Está desplazada en la vista que tenemos desde aquí, y la imagen de la Virgen puesta en la pared de la basílica no está en el centro de la calle.

Nunca lo había observado así. Me muevo justo hacia el centro para observar. Tiene razón, se produce una visión rara, como algo que distorsiona. No hay coincidencia geométrica de la arquitectura con la posición de la calle. Miro de nuevo y, en ese momento, lo que me distrae y verdaderamente rompe el equilibrio es la persona que está viniendo hacia nosotros.

Si la mayoría de la gente está caminando en cualquiera de los dos sentidos, hay uno que viene en dirección cruzada, saliendo desde una de las callejuelas de la izquierda. Por supuesto, tropezándose con cada uno de los peatones que se cruza a su paso. Si ni mis amigos ni yo llamamos la atención con la ropa que llevamos puesta, él sí.

—¡Hola!

Es todo lo que dice. Se ha quedado a nuestro lado en silencio. Imitando nuestra posición, se vuelve para observar al fondo. Estoy seguro de que no le sacaremos muchas más frases a lo largo de la tarde. En fin, es lo que nos ha tocado.

El día que el tutor leyó a los componentes de cada equipo que había decidido la profe de Historia, empezó leyendo los nombres de los cuatro que estábamos sentados juntos en las dos primeras filas. No fue lo que más me alegró la semana, ya que desde que Sofía sale con Erik, mis sentimientos hacia ella los trato de ocultar con comportamientos que a veces están al límite de la mala educación, y ella se ha dado cuenta. Pero en el momento en que el tutor leyó el nombre de Samuel para incluirlo también en el grupo, mi cuerpo dio un vuelco. Vi la cara de sorpresa de Elsa a mi lado. No pude ver la de Sofía, solo su espalda, pero la expresión de Erik al girar su cara hacia

Sofía me permitió ver a mi amigo sueco muy sorprendido. Seguro que en clase, en su país, no había gente tan rara.

Samuel es, por decirlo de alguna manera, el chico diferente de la clase. El que viste solo con camisetas negras, lleva siempre el pelo largo y desordenado, es bajito y además se arregla muy poco. Durante la mayor parte del año, menos en verano, viste un abrigo negro que le llega por las rodillas, pero le hace parecer gordo porque debe de llevar los bolsillos llenos de cosas. Lo que más destaca de su vestimenta oscura y algo desaliñada es el calzado: unas zapatillas absolutamente blancas. Así es, este año me fijé que siempre las lleva sin ninguna mancha y de la misma marca.

No tiene amigos en el instituto, al acabar las clases se va, nadie sabe dónde vive, ni nadie ha visto a sus padres aparecer nunca por el centro. Aunque Samuel tiene dos cosas en las que destaca: saca las mejores notas de clase y tiene el acento local más fuerte que he visto nunca. Habla poco pero cuando lo hace te hace mostrar simpatía por él. El problema es que yo creo que no se ha afeitado desde que le empezó a salir barba hace un par de años. Por eso su aspecto desaseado y desordenado suele producir cierto rechazo. Si alguna vez tratas de mantener una conversación con él, no consigues sacarle muchas palabras seguidas.

No resulta agradable tenerlo en el equipo porque no le gusta trabajar en grupo. Asumo que el resto acabaremos llevando el peso del trabajo. Si por lo menos dijera algo…

—Hola —responde Sofía—. ¿Cómo estás? ¿Ya has analizado todo lo que te conté que nos pasó en el museo? Seguro que lo has escrito todo con detalle.

—Sí. —Fue su escueta respuesta sin mirarla a la cara en ningún momento.

Es verdad. Esta es la segunda salida que hacemos por la ciudad después de que nos encargaron el trabajo. Él no pudo venir a la primera porque, según dijo, estaba en cama con fiebre. Sofía nos dijo que lo llamó después para contarle lo que nos sucedió. ¡Menuda historia para contar por teléfono!

Noto cómo lo mira. No consigo adivinar si la mirada es de ternura o de complicidad. Ella siempre es la que, desde que nos conocemos de pequeños, ha tratado muy bien a todo el mundo. Ahora me doy cuenta de que son las primeras palabras que se cruzan en público desde que comenzamos el trabajo.

Como no dice nada más, interrumpo el momento de silencio:

—Si os parece, empezamos con lo que nos hemos planteado hoy. —Comienzo a caminar por la calle hacia El Pilar.

No llevábamos ni un minuto andando cuando Erik nos señala la tienda de helados que está en la primera manzana en el edificio de la izquierda. Como no es la primera vez que este nórdico nos insiste en la bondad de comer helados en pleno invierno, esta vez paso de discutir y le sigo. El resto hace lo mismo, incluso veo a Samuel por mi izquierda que adelanta al propio Erik y alcanza primero la puerta. Todos llevamos una pequeña bolsa o mochila con nosotros, pero él hoy no lleva nada, solo el abrigo. Supongo que todo lo acumulará en los bolsillos.

Al aproximarnos a la puerta de vidrio, se abre sola por los dispositivos que tiene. Vemos el interior. Todo está pintado de blanco. Unos pocos adornos de color rosa imprimen un ambiente que parece que estuvieras en el Polo Norte… ¡de las chicas!, porque todo es rosa. Aunque reconozco que me gusta esta heladería, donde realmente sirven yogur helado. Seleccionas el gusto que quieres y luego te ponen sobre la base los ingredientes que elijas para «vestir» la elección a tu gusto.

La dependienta tendrá unos dos o tres años más que nosotros, de mediana altura, delgada y con pelo negro recogido con coleta baja. Por las formas de atender, parece que lleva pocos días en el puesto. La noto insegura. Pero esos ojos verdes y esa bella sonrisa que mantiene estoy seguro de que le van a hacer triunfar en poco tiempo. La vemos atendiendo a un grupo de cuatro chicas que tienen que ser de mi edad, pero la ropa que visten hoy es para pensar que la combinación de colores no es el fuerte de ninguna, aparte de la escueta minifalda que llevan para el frío que hace.

La situación comienza a ser rara porque el otro grupo de personas que hay en la tienda aparte de nosotros es una pareja con dos niños pequeños. El bebé no ha parado de llorar desde que hemos entrado, la madre trata de calmarlo sin conseguirlo, el padre está gritando a la niña mayor que no tendrá más de cuatro años.

No acierto a comprender por qué le reprende, pero está creando una situación muy violenta. A medida que le grita, el bebé llora más, la madre se pone más nerviosa y le cuesta más calmarlo. Deben de llevar un buen rato tratando de comer los helados, sentados en los sillones de la derecha de este pequeño comercio.

Veo que la niña se ha manchado la ropa con helado. Por su aspecto, son gente que yo calificaría como diferentes. Destaca que el hombre es varios años mayor que la mujer. Todos tienen el pelo oscuro. Lo único que contrasta es la piel blanca pálida del bebé con la tez muy morena de la niña y la de los propios padres. Supongo que mis amigos estarán sacando sus conclusiones.

Nos miramos entre los compañeros, observando la escena sin saber qué decir. Veo que la dependienta les mira de reojo. Se está comenzando a poner nerviosa. Las chicas de la minifalda no paran de hablar entre ellas discutiendo sobre la idoneidad de un ingrediente diferente u otro a la base del yogur helado que han elegido. ¡Parece que es la decisión más importante que tienen que tomar en todo el día! Me pone nerviosa csta gcntc. ¡Si da completamente igual uno que otro, si al final te lo vas a comer!, me gustaría decirles.

—¡Oiga!, por favor, puede bajar el tono de su voz. —Vemos que la joven dependienta se ha atrevido a decirle al hombre que gritaba.

Parece que no se sentía tan insegura como aparentaba.

El impacto ha sido enorme porque justo en el momento en que la chica había hablado, se acababa de producir un silencio por parte de todos, incluso del bebé, permitiendo que su acento sudamericano retumbara en todo el espacio. Nos hemos quedado todos aún más callados, pendientes de lo que pueda ocurrir a continuación. Las chicas que estaban pidiendo se han asustado, la que sostenía el primer helado se ha quedado sin él porque se le ha caído al suelo. Veo al hombre enfadado que se pone de pie mirando con ira a la dependienta. Esta, intuitivamente ha dado un paso hacia atrás, detrás del mostrador.

—¿Cómo te atreves? —le grita el hombre mientras se aproxima hacia ella—. ¿Quién te has creído que eres? —Lo dice todavía más alto.

Veo que Sofía y Elsa están asustadas. Miro de reojo a Erik, sin mediar palabra, aprovechamos que le sacamos más de un palmo de altura al hombre, y nos colocamos con un simple paso los dos juntos haciendo barrera entre este espécimen de animal y el mostrador.

—Pero... ¿esto qué es? —Vuelve a gritar mirándonos hacia arriba.

Percibo toda su furia en el paso que ha dado y en los puños que lleva apretados. Erik y yo, sacamos pecho, cruzamos los brazos por delante. Las chicas de la minifalda nos miran y se ríen entre ellas. Sofía está calmando a la niña pequeña que, llorando asustada, se ha aproximado a la persona que tenía más cerca.

—¡Menuda heladería de mierda! —comienza a gritar mientras coge de la mano a la niña con fuerza y, de un tirón, la separa de Sofía para dirigirse hacia la puerta de salida—. ¡No vuelvo a venir nunca más a este sitio! —sigue gritando ya muy cerca de la calle.

En ese momento se produce algo que ninguno nos hubiésemos esperado.

La situación se habría resuelto perfectamente si el hombre se hubiera ido sin más, pero la puerta no se abre y, como lleva todo el impulso del arranque esperando que el detector de movimiento moviera los dos cristales hacia los lados, se da de bruces contra ella. Se desequilibra y cae al suelo.

La escena en la heladería es absolutamente de película de terror. Las chicas jóvenes se mueven hacia la pared como buscando su protección, se aprietan con fuerza entre ellas. La dependienta se ha quedado inmóvil de pie detrás del mostrador. El bebé ha comenzado a llorar aún más fuerte, la niña pequeña se escapa hacia Sofía protegiéndose la cara entre el abrigo de mi amiga. Elsa se acerca a la madre y le ofrece al bebé un pequeño juguete que lleva en la mochica para que se calme. Erik y yo hacemos ademán de ayudar al hombre a levantarse, pero este nos rechaza con malos modos.

Nunca había oído gritos tan fuertes saliendo de la boca de un humano. No consigo oír el llanto de los niños del vozarrón de este hombre. No para de insultar a la dependienta con todo tipo de improperios humillantes y racistas.

—¡Ya basta! —grito delante de él—. ¡No tiene derecho a tratar a nadie así de mal! ¡No es su culpa!

—¡Usted lo que tiene que hacer es calmarse! —Se une Erik a mí gritándole al hombre.

Sigue vociferando. Se aproxima de nuevo a la puerta para que se abra, pero sin éxito. Repite el movimiento varias veces con el mismo resultado. Elsa ha dejado a la madre y con mucha sangre fría se ha aproximado a la dependienta. Oigo que con palabras suaves le está convenciendo para que active algún mecanismo que permita abrir la puerta. La chica está bloqueada, se ha puesto a llorar también.

Ya no sé a dónde mirar. El grupo de chicas asustadas gimiendo en un rincón. El bebé llorando desgarradamente en el pecho de su madre. La niña morena pequeña abrazada a Sofía sollozando con la cara oculta por el abrigo. El hombre ha empezado a ponerse aún más nervioso y romper parte de los pocos muebles que hay en la tienda. Erik y yo nos miramos. No hay información en nuestras caras, también nos hemos bloqueado, no sabemos qué hacer: si bloquear al hombre, apartar a la gente o simplemente llamar a la policía con el móvil.

Pero hay alguien más en la tienda.

Hace rato que no me fijo. Giro la cabeza en varias direcciones tratando de localizar a Samuel con la mirada. Se me hiela la sangre, ha debido de ir a la parte de atrás de la tienda y ahora se dirige a la entrada. Le quita de las manos con firmeza la silla que el hombre estaba punto de romper en la pared cerca de donde se protegían las chicas. Sin mediar palabra, la coloca a unos pocos centímetros del hombre. Este no es capaz de moverse de lo sorprendido que se ha quedado.

Menos el bebé, el resto se ha callado. Todos observamos cómo Samuel se saca un destornillador del bolsillo interior del abrigo, luego se sube a la silla. Se eleva con cuidado para no perder el equilibrio y, con una destreza que nunca me hubiera imaginado en este friki, abre la caja de conexiones del controlador de la puerta corrediza. Le vemos maniobrar.

En menos de un minuto las puertas se vuelven a separar y notamos con gran satisfacción el viento helado entrando desde la calle.

Samuel sigue tocando el dispositivo. Hace movimientos con su mano izquierda hacia el detector. Así vemos que la lucecita cambia de color verde a rojo alternativamente cada vez que él provoca con su movimiento que se abra la puerta y espera unos segundos hasta que se vuelva a cerrar. Cuando se da por satisfecho, ayudado por el destornillador vuelve a cerrar la caja del dispositivo. Se baja de la silla. La deja donde estaba. Mete el destornillador en el abrigo. Se queda frente al hombre mirándolo. Son casi de la misma estatura. El silencio sigue siendo de la misma intensidad. Ahora incluso el bebé se ha callado. Si no fuera porque no puede ser, pensaría que ha grabado toda la escena en su pequeña cabecita.

Por mucho que pasen los años, nunca llegaré a interpretar la mirada de Samuel a ese hombre. Lo único que recordaré es cómo un energúmeno, de pronto, se calma, toma de la mano a su hija pequeña, con cuidado ayuda a su mujer a levantarse con el bebé y se retira en silencio del local. Esta vez las puertas de cristal se abren para que se pueda ir la familia.

Miramos todos a Samuel. No creo que hable solo por mí si digo que hoy es el principio de una nueva relación con este chico. Acabo de descubrir algo que no me esperaba y me encanta. De hecho, estoy orgulloso de que esté en nuestro grupo.

De pronto, y para sorpresa de todos, se aproxima al mostrador y con un marcado acento de Zaragoza le dice a la dependienta:

—¿Me pone por favor una tarrina de yogur helado con caramelo por encima y unas cuantas nueces caramelizadas?

No sé quién se sorprendió más, si la camarera o los demás que lo mirábamos.

Pero en ese momento, Sofía nos coge por el brazo a los cuatro y nos aproxima a su posición:

—¿Habéis visto el colgante que llevaba la niña morena? —nos interroga mirándonos a los ojos uno a uno.

No sabemos qué decir.

—Sí —interrumpe Samuel el silencio—: El símbolo que te dieron en el museo.

Volvemos a mirar todos a Samuel. Este chico es una caja de sorpresas. Especialmente porque todavía no lo ha podido ver, le ha bastado con la descripción que le debió de dar Sofía por teléfono.

—¿Cuándo te has dado cuenta? —le pregunta Sofía.

—En cuanto hemos entrado en la tienda.

¡Qué capacidad de observación! Yo que me consideraba buen observador ni me había fijado. Por la mirada de mis amigos, ellos tampoco. Sofía lo ha debido de ver cuando la niña lloraba junto a ella.

—Ahora no hay tiempo que perder —dice nerviosa Sofía—. Tenemos que seguirlos para entender cómo llegó el símbolo a la niña.

Nos la quedamos todos mirando. Vuelve a ser Samuel quien rompe el silencio.

—Lo siento, yo ahora me tomo un helado —lo dice mientras se aproxima de nuevo al mostrador mirando a la dependienta.

—Yo también —decimos Elsa, Erik y yo a la vez, con una mirada cómplice sonrientes por la coincidencia de la frase.

CAPÍTULO 11

Jueves, 15 de diciembre de 2016
Hora: 18:30

Sofía

—Estaba bueno, ¿eh?

La voz de Erik susurrándome al oído me devuelve de nuevo a la realidad.

Me había ausentado otra vez pensando en lo que nos acababa de pasar en la heladería. No sé qué es lo que más me ha sorprendido, si el comportamiento del señor histérico, la dependienta asustada, las chicas idiotas histéricas, David y Erik plantándole cara al hombre, Samuel solucionando el problema... o la niña con el colgante. No puedo dejar de pensar en el símbolo. Si por lo menos supiera su significado. Pero ¿por qué lo llevaba esa niña?

Y la madre, ¡cómo me ha mirado cuando he aproximado mi mano el colgante para verlo más de cerca! ¿Ha sido expresión de curiosidad o de miedo? No se lo he contado a los demás todavía.

Y ahora este me pregunta por el helado.

—No lo sé —le digo mirando a la gente mientras seguimos andando los cinco por la calle Alfonso hacia el Pilar—. Yo no quería tomar helado. Quería hablar con la madre para saber de dónde había sacado el colgante de la niña.

Supongo que no se habrá dado cuenta de que he notado su gesto de indiferencia encogiéndose de hombros. Las sombras muchas veces nos delatan

—A mí también me gustaría saberlo —comenta David apoyando lo que he dicho.

Menos mal, al menos alguien más en el grupo que no solo piensa en comer helados en mitad de este lío. De pronto, noto que Erik me agarra con fuerza y me lleva hacia él.

—¡Cuidado! —grita

Me dejo llevar. Veo que Samuel que iba a mi izquierda ha pegado un salto hacia el lado contrario permitiendo que el señor corpulento que iba delante de nosotros se cayera hacia atrás. La mujer que va a su lado está gritando. El golpe ha sido muy fuerte porque ha caído como un tronco de árbol todo recto y se ha golpeado la cabeza. ¡Madre mía! Hay sangre en el suelo. Un hilillo sale por el oído, pero lo peor es que se está haciendo un pequeño charco debajo de la cabeza.

—¡Apartad!, ¡rápido!

Nos empujan una pareja de policías que estaban patrullando para hacerse hueco y atender al hombre. Todo el mundo empieza a acercarse. La mujer deja de gritar, solo llora, mientras la calman otras dos señoras que pasaban por la calle. Los empujones de la gente que se aproxima a ver nos obligan a desplazarnos y nos hacemos señas para retirarnos hacia la pared de la cafetería de la izquierda.

Samuel ha sacado una *tablet* de uno de los bolsillos y está haciendo fotos a la gente. Los demás, como cuerpos petrificados, tenemos las espaldas apoyadas en la cristalera de la cafetería mientras miramos. Ninguno dice nada.

De pronto oímos gritos y golpes. Erik me aparta y señala hacia atrás. David ha mirado y, con cara de desprecio, se ha retirado calle arriba hacia la esquina donde está la oficina bancaria. Elsa se ha vuelto y les está haciendo gestos de enfado. Es increíble, la gente que estaba dentro de la cafetería nos está insultando y gritando desde dentro para que no les tapemos la vista del espectáculo de la calle. Parejas elegantes y bien vestidas nos están gritando. ¡Qué asco!

Nos retiramos todos, no sin antes hacer Elsa un par de gestos con el dedo corazón de la mano que podría darnos algún problema como salga alguno.

Como estamos justo en la esquina de la calle Torre Nueva, y por salirnos de todo el lío que se ha organizado, les hago señales de girar y seguir hacia la plaza San Felipe.

—¡Mirad! —grita David mirando hacia atrás, a la calle Alfonso.

Samuel se gira, vuelve a sacar la *tablet* para hacer fotos y se adelanta dos pasos. Los demás simplemente nos giramos. Lo que estamos viendo nos vuelve a dejar sin palabras.

Hay tres personas en el suelo tocándose el oído. Estaremos a unos veinte metros de ellos, pero consigo distinguir que los tres tienen la mano manchada con sangre y no hacen más que mirarla. Intentan levantarse, pero se vuelven a caer. No pueden mantenerse en pie.

De pronto uno de los policías que había ido a socorrer al señor corpulento se está yendo hacia atrás como mareado, se lleva las dos manos a los oídos y finalmente se le doblan las piernas. Afortunadamente consigue apoyar la mano izquierda en el suelo porque si no se habría desplomado como el hombre de antes.

—No podemos hacer nada —nos sorprende Samuel con el comentario mientras mete de nuevo la *tablet* en el bolsillo y se gira para caminar en dirección a la plaza san Felipe.

—¿Cómo que no? —dice Elsa—. Podemos llamar a la policía.

Después de eso se queda callada y, como si hubiese preparado la respuesta para cualquiera de los demás, le digo señalando a la calle Alfonso:

—Pero si la policía está allí…

Me pongo al lado de Samuel y sigo andando hacia la plaza.

—Venid, quiero ver una cosa —les digo a todos.

Todo esto está siendo muy intenso. La guía del museo, el conflicto de la heladería, el follón de la calle ahora mismo. Necesito un poco de tranquilidad y en el sitio al que estamos yendo siempre he encontrado un sitio de paz.

Hay varias personas que caminan rápido en sentido contrario hacia donde vamos, supongo que alertados por lo que está ocurriendo detrás. Miro a mis amigos sin que se den cuenta y solo veo caras serias, inexpresivas como esperando lo siguiente que ocurra. Estamos ya a pocos metros de llegar a la esquina con la plaza San Felipe y vamos ocupando la vía en todo su ancho, parecemos un grupo de vaqueros de esas películas americanas que entran en una calle para enfrentarse a los malos. La verdad es que el abrigo ancho de Samuel que lleva abierto y el de Elsa que, aunque es un poco más ceñido, también lo lleva abierto ahora, ayudan a imaginarse a los cinco como si fuéramos del Oeste.

Entre tanto pensamiento, por fin un sitio de paz. Me gusta esta plaza. El restaurante Casa Montal a la derecha que, con su construcción antigua y bien conservada, te invita a volver varios años atrás en el tiempo. El Museo Pablo Gargallo, de frente al fondo, y la iglesia de San Felipe en el lado izquierdo que, cuando la miro, siempre busco la segunda torre que le daría simetría a la portada, pero por supuesto no encuentro. Tampoco dejo nunca de mirar el portal de entrada de la iglesia que, según me explicó mamá, anteriormente era la entrada de la propia basílica del Pilar de la ciudad y que trajeron aquí.

Una vez más me fijo en las dos estatuas que pusieron a la entrada del museo. Cada una tiene un jinete montando un caballo que muchas mañanas de domingo aparecen con alguna botella o trozo de ropa que algún despistado de la fiesta de la noche anterior se ha olvidado. En fin, son cosas que les ocurren a veces a las obras de arte.

Pero voy directa a donde quiero ir. Detrás se han quedado parados mirándome.

Al llegar a la estatua en el suelo del niño sentado con las piernas dobladas y los brazos apoyados en ellas mirando hacia arriba, me siento junto a él.

—¿Para eso querías venir aquí? —me pregunta Erik mientras se aproxima a mi sitio.

Los demás se ríen, pero he conseguido que David y Elsa también se sienten a mi lado.

—Me encanta este sitio —les digo mirando hacia donde se sitúa la estatua—. No sé por qué la han puesto aquí, pero me gusta venir. Es una plaza muy tranquila.

—¿De verdad que no sabes por qué la han puesto?

La pregunta de Elsa ha sonado más a reproche que a «no te preocupes amiga que te lo explico». Mirando las caras de los demás se ha dado cuenta de que su comentario no ha sido oportuno.

—¡Perdón! —comienza diciendo, mientras mira al suelo en señal de disculpa—. El niño está mirando a la Torre Nueva.

Recuerdo que alguna vez alguien me contó algo, pero no me consigo acordar.

—La Torre Nueva fue el primer gran edificio que se construyó en Zaragoza en el siglo XVI y era una de las torres mudéjares más bonitas. Tenía un gran reloj y con las grandes campanas avisaban a la gente ante situaciones de peligro o para cosas normales de la vida diaria.

Elsa se pone de pie y nos invita con la mano a que la sigamos. No me importa seguirla porque no me acordaba nada de lo que está contando.

Se para y, señalando con el dedo al suelo, dibuja como un círculo a su alrededor.

—¿Veis estás figuras que se ven en el suelo?

—¿Cuál de todas? —pregunta David.

Es verdad, hay varias figuras circunscritas unas dentro de otras.

Si alguien nos está mirando se estará riendo porque nos encontramos los cinco de pie, con la vista en el suelo, cada uno por su lado, recorriendo las diferentes figuras.

—Son octógonos —continua Elsa—. Representan la base de la torre y luego sus diferentes niveles que también tenían esa forma.

No tenía ni idea.

—Pero la torre la tuvieron que derribar —continua Elsa—, varios años después de ser construida, ya que se inclinó, y a finales del SIGLO XIX el Ayuntamiento decidió que había que evitar el riesgo sobre los edificios de alrededor.

Elsa se queda en medio mientras los demás miramos la figura.

—Y para conmemorar la torre, que era muy querida por la gente de la ciudad, dibujaron aquí un octógono donde estaba ubicada y pusieron la estatua del niño que estáis viendo —

señala con el dedo donde estábamos antes sentados—, como si estuviera mirando a la parte alta.

—¡Guau! —dice David—. La cantidad de veces que he venido aquí y no tenía la menor idea.

Supongo que Elsa estará orgullosa porque estamos todos mirándola. Con el abrigo gris clarito largo que hoy viste y el gorro de lana con visera también gris, tiene un aire romántico de poeta y solo le falta ponerse a recitar en voz alta para conseguir que todos la aplaudan.

—No has contado todo —interrumpe Samuel el momento casi mágico.

Elsa lo mira un poco seria y los demás movemos la vista de la cara de uno a la del otro.

—Este es uno de los ejemplos de lo contrario al equilibrio en esta ciudad.

Las últimas palabras de Samuel han sido como un choque de trenes. Llevamos varios días hablando de equilibrio en la ciudad, desde incluso la antigua Roma y ahora parece como que hay algo que no es correcto.

—Tú dirás —le dice Elsa con un poco de desplante.

—Lo único que sé —continúa Samuel— es que todo esto está rodeado de misterio. ¿Por qué puede una torre de 81 metros de altura construirse y empezar a ser ruina siete años después? Si se inclinó durante su construcción, ¿no hubiesen tenido que parar las obras, rehaciéndola desde sus cimientos, o cambiando de emplazamiento si el subsuelo no aseguraba una correcta cimentación?… Esas son algunas de las preguntas que he oído.

Se mueve Samuel hacia la esquina de la calle El Temple. Le seguimos y, al llegar ahí, nos invita a mirar arriba.

Hay una gran pintura, en la fachada de una pared, tan grande como la altura del edificio de cuatro plantas donde está pintada. Es una representación de cómo era la torre antes de ser derrumbada. Es preciosa.

Sopla viento helado de repente y me tengo que recoger el abrigo.

—Se me está haciendo tarde —interrumpe David el momento—. Con lo de la heladería y la movida de la calle Alfonso se nos ha pasado el rato sin hacer lo que nos habíamos propuesto. Y le he dicho a mi madre que estaría dentro de media hora.

—De acuerdo —respondo—. Volvemos mañana por la tarde si os parece.

—Vale —dicen Elsa y Erik a la vez.

Samuel ha asentido con la cabeza y supongo que con eso entiende que ya ha dicho todo lo que tenía que decir.

De pronto nos sorprende David hablando en voz baja:

—¿Habéis visto quién está en esa tienda de periódicos?

—¡El hombre de la heladería! —responde Erik un poco alterado.

Está mirando el escaparate con la niña pequeña al lado y el carrito con el bebé. La madre debe de estar dentro.

—¿Veis a la madre? —me sorprende David con su pregunta.

—Estará comprando en el interior —le respondo como si fuera obvio.

—No. —Se gira David, mirándome como si hubiese respondido lo que no se esperaba que hiciera—. No lo hubiese preguntado si la hubiese visto dentro.

No sé quién ha sido menos diplomático, si yo con mi respuesta de obviedad o él con su comentario en plan estúpido.

De pronto, noto que alguien me toca por detrás.

Me giro y casi me da un vuelco el corazón. Tengo delante a la mujer. La misma que durante el incidente de la heladería trató de calmar sin éxito al bebé. La misma que siguió a su marido en silencio y me miró de reojo al salir. No medirá más de un metro y medio. Pelo largo negro, ojos muy oscuros, nariz aguileña y pómulos muy marcados. Es guapa, pero se la ve muy cansada, casi agotada. La miro directamente a los ojos y, por alguna razón que no consigo entender, me siento segura a su lado.

—Apártate de ahí. —Me toma por el brazo y me separa un par de metros de donde estamos.

—¿Por qué? —le pregunto, aunque no pongo ninguna resistencia a moverme.

—Ahora no importa. —Es la única respuesta que recibo.

No entiendo nada. Solo nos hemos desplazado un poco. Miro al suelo y lo único que hemos hecho es separarnos de las líneas del octógono dibujadas en el suelo. La vuelvo a mirar a la cara, frunzo el ceño y espero que se dé cuenta que me parece una tontería lo que acaba de hacer.

—Vi cómo miraste antes el colgante de mi hija —me dice con sus ojos literalmente clavados en los míos, sin hacer caso a mi expresión de extrañeza.

No sé qué decir. Los demás se han dado cuenta y observan en silencio. No puedo dejar de mirarla.

Sopla una ráfaga de viento que hace que ella tenga que usar la mano izquierda para liberarse la cara de la parte de la melena negra que le ha tapado la vista.

—No sé lo que sabéis —continua muy seria—, pero os aconsejo que lo olvidéis y ni se os ocurra querer saber más.

—¿Por qué me dice eso? —le pregunto casi alterada y sin poder controlar mi reacción.

Se queda en silencio. Mira detrás de mí a mis amigos y, consciente de que estoy siguiendo todos sus gestos, con su mano derecha saca de debajo de la blusa algo. Con todo el descaro, bajo la mirada y veo que es el mismo colgante con el símbolo que me dio la guía del museo. Siento mis cejas elevadas, los ojos abiertos al máximo y mi boca también abierta.

—Es muy peligroso, dejadlo ahora que podéis.

Después de decir eso se va directamente a la tienda donde está su marido con los niños y señalándole nuestra posición, nos miran y se van los cuatro con mucha prisa por la calle Torre Nueva hacia el Mercado Central.

Mientras les seguimos con la mirada podemos ver dos señoras en el suelo tocándose los oídos.

CAPÍTULO 12

Viernes, 16 de diciembre de 2016
Hora: 15:30

David

—¿Quién coge el teléfono?
Ya estoy en casa. Lo primero que oigo es a mi madre gritar desde su habitación. El teléfono de la casa suena por todas partes. Miro en el salón. Mi hermano no está. Su habitación tiene la puerta abierta. No tiene la luz encendida. Veo que la puerta del baño está cerrada, directamente voy hacia el teléfono. Cuando lleva un rato sonando es verdaderamente molesto. Al terminar la llamada le cambiaré el tono del timbre. Este me recuerda ese sonido desagradable que utilizaban en el colegio cuando era pequeño para anunciar que el recreo había terminado. ¡Qué fastidio! Con lo bien que nos lo pasábamos en el patio. ¡Subir luego a clase! Siempre me pregunto si no habría que dar las clases en los patios en vez de en las aulas.
—Yo voy, mamá —grito mientras me acerco al aparato.
Al ver lo que hay apoyado junto al teléfono, y mientras levanto el aparato, grito:
—¡Tú móvil está aquí también por si lo buscabas!
—Gracias. —Oigo a mi madre desde el fondo.
Dirijo toda mi atención al auricular del aparato para saber quién llama. Por un momento me da un vuelco el corazón al oír una voz femenina que me dice:
—¿Tienes el móvil apagado? Llevo un buen rato llamándote.
Aunque no era la voz femenina que realmente me hubiese cambiado la tarde, me alegro mucho de oír la voz de Elsa.

—Pues no sé —le contesto, mientras miro el aparato—. Ya veo, lo debí poner en modo silencio en algún momento y no lo había vuelto a activar. ¿Qué tal estás, Elsa?

—Bien, bien —comienza ella con un tono de voz bastante agitado. Nunca la había notado así, siempre parece que es el modelo de mujer dura que aparece en las películas y controla sus modales en todo momento. Hoy no. Ahora no. Me empiezo a preocupar yo también. Ella continua—: Te tengo que contar lo que me ha pasado.

Distingo que su voz se relaja. Me mantengo atento. Ha conseguido llamar mi atención:

—Al llegar a casa anoche, nos pusimos a cenar los cinco. Me había despistado mientras comía pensando en todo lo que nos había pasado hasta este preciso momento, recordando paso a paso lo ocurrido. Estaba un poco preocupada…

Se para un momento como para tomar carrerilla y seguir soltando todo lo que quiere decirme en menos de un minuto.

—… cuando me di cuenta de que el resto de mi familia estaban todos muy simpáticos. Mis hermanos no hacían más que hablar del partido de baloncesto que habían jugado esa tarde y mi padre no paraba de retransmitirnos a todos lo bien que habían jugado sus chicos. No sabía la razón exacta, pero lo cierto es que me sorprendí porque últimamente las cenas acababan con discusiones entre mis dos hermanos mayores. Como soy la pequeña siempre me echan la culpa y acabo yéndome a la cama enfadada con ellos.

Por un momento me imagino la escena. Ella es la pequeña, lo sé. Pero no solo es la pequeña en edad, es también la pequeña en tamaño. Y como todo en esta vida depende desde donde se mire, resulta que, si sus compañeros pensamos que ella es grande, sus hermanos son enormes. Han salido a sus padres que ninguno baja de un metro noventa. Lo que más gracia me hace es pensar en la escena de esa familia de cinco cenando en una cocina tan pequeña como la que tienen. Elsa siempre dice que se quieren cambiar a otro apartamento por el tamaño de la cocina, pero nunca lo hacen, con lo cual la escena tiene que ser al menos divertida.

—Durante ese momento de tranquilidad —continúa Elsa—, aprovecho para comentar a todos lo que nos ha pasado durante el día y la historia de la profesora, especialmente lo sucedido en el museo.

Se queda un momento callada. Cambia el tono de voz, como enfadada:

—¡Mis hermanos son unos idiotas!… — Se ha alterado y se ha dado cuenta, ahora baja el tono—: Se han reído de mí y no me han dejado continuar hablando! ¿Te lo puedes creer? Pero lo peor ha sido cuando mi padre ha dicho: «Eso son tonterías. Os tenéis que dedicar a estudiar que es lo realmente importante. Y esa historia de los romanos y la ciudad de Zaragoza no sirve para nada. Yo no lo he sabido nunca y fíjate qué bien estoy. Nunca he necesitado conocer esas chorradas».

Vuelve a quedarse callada. Le digo que continúe porque no sé si se va a poner a llorar o a gritar:

—Es mi padre, joder, y sé que le importo, pero si hubiera sabido lo mal que me iban a sentar esas palabras seguro que no lo hubiera dicho.

Se para un momento, y continúa más calmada:

—Lo miré muy seria, giré la cabeza y seguí comiendo en silencio. Nunca sabrá como de cerca estuvo de recibir todo el vino derramado de su vaso «sin querer» por mi parte, mientras me hubiese tropezado «sin querer» en la mesa. Pero ¿sabes, David?, no nos entienden. Así que una vez más lo dejé pasar.

Menos mal, ni lloros ni gritos. Pero sigo intrigado. Conociendo lo poco que conozco a Elsa, creo que nunca me llamaría solo para contarme eso.

—¿Ha pasado algo más, Elsa?

—Sí, sí, por eso te llamaba —continúa—. Justo cuando mi padre acababa de decir semejante sandez, tanto mi madre como mi padre se llevaron la mano al oído derecho a la vez mostrando en la cara como signos de que algo les dolía. Me acordé de lo que pasó en clase con la profesora.

Se queda callada un momento y suspira profundo.

—En ese preciso momento reciben un mensaje de texto en sus teléfonos móviles. Como la situación fue un tanto extraña, y aunque para comer siempre apartamos los móviles de la mesa, los dos se levantaron y los cogieron.

Elsa se queda callada al otro lado del teléfono un rato y no me pude contener:

—¿Y qué pasó? ¿Se desmayaron? —pregunto.

—No, no. El dolor de oído les duró muy poco y miré sin que se dieran cuenta por si sangraban, pero no. Lo que hicieron fue abrir los dos el mensaje del móvil y lo leyeron a la vez porque se dieron cuenta de que era el mismo. Era solo una frase toda junta: «Zaragozasedesploma».

Me quedo callado e intrigado, mientras veo que el móvil de mi madre tiene la luz intermitente encendida indicando que hay un mensaje de texto sin leer.

—Como un acto reflejo, miré mi móvil y vi que no tenía ningún mensaje. —Me despierta Elsa de mi distracción—: ¿Me podrías decir si tú has recibido algún mensaje?

CAPÍTULO 13

Lunes, 19 de diciembre de 2016
Hora: 15:00

Sofía

Es casi la hora de comer y lo normal es que, al acabar las clases del instituto, nos vayamos todos a casa rápidamente ya que llevamos desde muy temprano despiertos y estamos hambrientos. Pero hoy nos hemos quedado los cinco hablando a la salida del instituto para contarnos lo que hemos hecho el fin de semana. El problema es que no paramos de comentar lo que les pasó la pasada semana a muchos de los adultos que conocemos. Prácticamente, todos habían recibido el mensaje, los padres de Elsa, la madre de David y mi madre. Samuel no dijo nada de sus padres. La verdad es que nunca ha hablado de ellos. Lo raro es que los padres de Erik no lo habían recibido, pero al resto de padres de los compañeros de la clase sí les había llegado. Menos a Samuel, al resto los veo preocupados. Yo no, solo quiero saber qué pasa.

Como ninguno creemos en las coincidencias, ya estamos comentando la relación entre el mensaje recibido y lo que hemos visto en la calle en los últimos días con gente perdiendo el equilibrio y cayéndose. No quiero creer en cosas raras, pero hay que reconocer que esto no es normal. Aunque seguro que tiene una explicación lógica.

Erik está a mi lado y señalándole la *tablet* que lleva en la mano, le doy un codazo insinuando lo que rápidamente él mismo dice:

—¿Por qué no buscamos en Internet?

Se sienta en el suelo de la calle apoyado en la pared del instituto y escribe en el buscador de Internet: «Zaragozasedesploma» (entre comillas).

La cara de sorpresa es la misma en los cinco cuando descubrimos que el buscador solo ha encontrado una dirección web. Entra en ella y vemos una foto área de la ciudad de Zaragoza donde claramente está marcado el *Cardus* y el *Decumanus*. Pasa el ratón por la pantalla y notamos que, en el punto de intersección de las dos calles, hay un vínculo a otra página web. *Clickea* allí y se abre un cuadro con un mensaje donde se puede leer:

«ZARAGOZA SE DESPLOMA, SABÉIS LO QUE TENÉIS QUE HACER.»

Y debajo del texto, vemos el mismo símbolo que había en la nota que me entregó la guía del museo.

Mi cabeza es un torbellino de ideas, pero solo puedo decir una cosa:

—¡Pues no hay más que hablar! Hagamos lo que nos han dicho. Nos vemos a las cuatro en el centro, enfrente de los antiguos juzgados, junto a la fuente de la Hispanidad. Yo voy a pasar por casa a dejar los libros.

—Venga, nos vemos luego —dice David, despidiéndose hacia su casa.

Erik me sonríe mientras se va en dirección contraria a su casa, Samuel, como siempre, ha desaparecido sin decir nada y veo que Elsa me sigue. No es normal porque vive hacia otro lado.

¡Qué frío! Se ha levantado un viento helado que se me mete por todos los huesos. Me subo el cuello del abrigo con la mano izquierda mientras sujeto la mochila con los libros en la otra. Ahora me cambio de mano para hacer lo mismo con la otra parte del cuello. Elsa también se protege, aunque, al llevar la mochila colgada a la espalda, tiene las dos manos libres para subirse la solapa. Caminar por esta orilla del río Huerva es como hacerlo por un túnel de viento, ya que es la zona más despejada de edificios y permite que el aire casi tome carrerilla hasta encajar en la Gran Vía. A nuestro alrededor el resto de gente también va protegida con abrigos y cazadoras hasta arriba, caminando encorvados porque la presión que te ejerce el viento es suficiente como para que te desequilibres si no te inclinas un poco.

—Vas muy callada, Elsa —rompo el hielo a la vez que la miro.

Ella camina pegada al muro de piedra que impide que te caigas al río. Es tan alta que tengo que elevar bastante la cabeza para ver sus ojos. Su figura es de una elegancia máxima. Su piel negra con la boina de lana blanca que lleva desde esta mañana y el abrigo *beige* que le llega hasta las rodillas, bien le podrían permitir ir a un pase de modelos. Es muy buena persona. Como amigas nos contamos casi todo y lo que más me gusta de ella es cómo se preocupa de la gente. Es de las pocas personas que conozco que está más preocupada de ver cómo los demás se lo están pasando que de ella misma.

—¿Cómo fue el campeonato de ajedrez del sábado?

Ya casi se me había olvidado. Esta chica está pendiente de todos los detalles.

—Estuvo bien porque competimos todos los equipos de la ciudad.

Desde que hace cinco años mis padres me apuntaran a jugar al ajedrez, no he faltado a ninguna de las competiciones. No es que sea muy buena, pero reconozco que me gusta. Ese momento de estar mirando treinta y dos piezas encima de cuadrados blancos y negros mientras muevo invisiblemente en mi cabeza las diferentes combinaciones para la siguiente jugada me hace sentirme en otro planeta. Los ratos de las partidas me vienen muy bien para desconectar y a la vez conectarme a un mundo como de espacio sideral, donde ves a lo lejos piezas moviéndose, calculando, eliminándose unas a otras. Me gusta.

Elsa gira la cabeza y me mira desde las alturas como esperando una respuesta que no le he dado.

—Volvimos a perder —le respondo—. Fueron partidas rápidas con cronómetro. A mí eso no se me da bien. Me gusta tener todo el tiempo posible para meditar cada jugada y lo de tener el relojito al lado indicando que se me acaba el tiempo me pone nerviosa. —Me agacho para esquivar una bolsa de plástico que se le habrá escapado a alguien y venía directamente a mi cara—. El próximo viernes es la final y es sin tiempo, así que creo que ganaremos. En el acumulado de las competiciones del año vamos los primeros.

—Bien, bien —me contesta Elsa, sonriendo. —¡Optimismo al poder!

Ya estamos en el cruce con la Gran Vía y aquí el viento se siente menos porque los edificios lo protegen.

—¿Saliste el sábado? —dice Elsa.

—Acabamos las partidas a las siete de la tarde y nos fuimos todo el equipo de cena.

—¿Fuiste sola? —Me sorprende la pregunta de Elsa.

—No, me vino a buscar a Erik. —No entiendo a qué viene esto—. ¿Por qué me lo preguntas?

Se cruzan unas mamás con sus hijos pequeños y casi nos tiran. Los críos se les han escapado y van corriendo a los columpios que hay en el centro del bulevar. No pasaba ningún coche ni el tranvía, pero menudo susto nos han dado.

Elsa no me responde, así que me paro. Ella no se ha dado cuenta y camina unos pasos hasta que no me ve a su lado. Se detiene, se gira y me mira. Avanzo dos pasos y la miro a los ojos esperando su respuesta.

—Sofía, yo me alegro mucho por ti. —El comienzo de Elsa me hace esperar algo que no me va a gustar—. Pero… — ya vino el «pero»—. Tienes que darte cuenta que desde que sales con Erik ya casi ni me llamas.

¡Ah! ¡Era eso! No sabía qué le pasaba.

El problema es que no quería que esto me pasara. En el fondo creo que no había aceptado salir con ningún chico precisamente por eso, porque no quería dejar de estar con mis amigas y, ni mucho menos, que me lleguen a decir eso. Además, porque tiene razón. El sábado con el campeonato de ajedrez y luego la cena, ni me acordé de llamarla. Luego, el domingo estuve casi todo el día estudiando y por la tarde salimos Erik y yo a dar un paseo. Pero lo cierto es que ni se me ocurrió llamarla. Me siento superculpable.

—Tienes razón. —No dejo de mirarla mientras seguimos de pie las dos—. No volverá a pasar.

—A ver, que no te lo digo para que me pidas disculpas, solo trato que sigamos siendo amigas y salgamos de vez en cuando. Ya sé que no va a ser lo mismo.

Le sonrió, me sonríe y seguimos andando.

—Por cierto —digo al aire—, ¿qué tal con David?

—¿¡Cómo!? —me suelta ella casi enfadada.

—Perdona, perdona. —Tengo que calmarla porque parece que se me ha ofendido—. Como en clase os veo juntos y habláis un montón…

Se ha abierto un hueco entre las nubes y un rayo nos ilumina a las dos. Debemos estar de película. Aunque la sensación es engañosa, ya que el frío sigue notándose, con menos viento en esta parte, pero con frío.

—Ya sé que es muy buena persona, muy guapo y me gusta —responde Elsa, mirando al suelo—, pero su corazón está con otra.

CAPÍTULO 14

Lunes, 19 de diciembre de 2016
Hora: 16:00

David

Observo a mis cuatro compañeros mientras caminamos por el centro de la plaza del Pilar. Es imponente. Cada vez que paso por aquí me gusta levantar la vista y ver toda la perspectiva desde la gran fuente. Me gusta mucho más entrar a esta plaza desde la zona de los antiguos juzgados que desde cualquiera de las otras calles.

Miro la fuente y veo las esculturas que hay en esta parte de la plaza.

Que la fuente representa el mapa de Sudamérica y la bola grande la forma que tenía el mundo antes de que Cristóbal Colón partiera a su descubrimiento, lo entiendo. Pero que esas tres especies de paredes de pie representen las tres carabelas que utilizó para cruzar el océano Atlántico... es demasiada imaginación que creo no tengo.

De todas maneras, y por las fotos que he visto del pasado, esta plaza me gustaba antes y me gusta hoy. No sé muy bien cuándo cambió. Yo diría que hubo dos momentos: el primero cuando rehicieron la plaza y pusieron esas farolas tan grandes; la otra tras la Exposición Universal del 2008, cuando limpiaron las torres de la basílica. Lo mejor es este gran espacio abierto que se usa muchas veces para grandes concentraciones de gente, especialmente durante las fiestas de la ciudad.

Me trae buenos recuerdos este sitio. De pequeño jugaba con mis padres y mi hermano con el agua de las fuentes redondas y pequeñas que están instaladas cerca de la entrada a la basílica. Lo que más me gustaba era cuando mi madre conseguía que las palomas, que había cientos, fueran a comer a su mano. Le emocionaba. Siempre me imaginaba que iba a conseguir que todas las palomas acabaran comiendo de mi mano, que mis padres me mirarían y se sentirían muy orgullosos de mí. Que todo el mundo en la plaza hablaría de mí. Pero nunca podía porque era incapaz de estar un minuto seguido sin moverme y, por supuesto, los pájaros se asustaban.

Hoy las palomas deben de estar escondidas porque no veo ninguna. El día es desagradable para pasear. El viento es muy intenso y muy frío. Prácticamente estamos solos caminando por la plaza; ni los pájaros ni las personas han encontrado esta tarde apropiada para estar, solo nosotros, y porque vamos a un objetivo muy concreto.

—¿Qué os han dicho en casa cuando habéis dicho que no ibais a comer? —pregunta Erik al resto.

—A mí no me han puesto problemas — responde Elsa—, aunque he dicho que me iba a hacer un trabajo con vosotros cuatro.

—En el fondo no les has mentido — le interrumpo—, vamos a hacer un trabajo.

—Yo he tenido algún problema, porque desde lo de mi padre, todos los días comemos mi madre, mis hermanos y yo —dice Sofía—. Ha sido un poco delicado, porque mi madre, de hecho, no me ha dicho nada. Solo se ha quedado callada. — Crea un momento de silencio—. Es lo peor.

Erik se le acerca y tomándola del hombro la aproxima hacia él. Ella deja descansar su cabeza en su cuerpo. No puedo resistirlo. Giro la cabeza hacia otro lado.

Esa es otra de las razones por las que me siento más cercano a ella. Los dos nos habíamos quedado sin padre. Yo hace ya muchos años, pero a ella solo hacía menos de uno. Me acabo de dar cuenta de que esta vez no me estoy fijando en el gesto cariñoso de Erik al cogerla, sino en cómo se puede sentir Sofía. ¡Cómo me gustaría decirle lo que siento por ella! ¡Cómo me gustaría consolarla en este momento!, porque ya he pasado por ello. Le estoy dando vueltas a algo que me está machacando por dentro, pero no tiene sentido, voy a parar.

Vamos directos a la dirección que le dio la guía del museo a Sofía. Veo a mi izquierda el edificio de La Lonja. La propia

Sofía, para cortar el silencio que se ha provocado en el grupo, comenta:

—Siempre me ha parecido impresionante esta construcción. Los detalles de arriba con las caras incrustadas en la fachada y a lo largo de las paredes exteriores son muy curiosos. Sobre todo, porque nunca he sabido lo que representan.

Al terminar de pasar junto al edificio, Elsa señala hacia el norte donde se ve el puente de piedra sobre el río Ebro, y comenta:

—¡Mirad! Allí tendría que haber estado la entrada a la ciudad por la parte norte. Ya no queda nada, pero el otro día vi en un libro donde se indicaba que se llamaba la Puerta del Ángel y había una escultura de uno encima de la entrada.

—Mejor no hablemos de lo que realmente llegó a pasar en esa puerta —añade Samuel.

—¿Por qué lo dices? —Le mira extrañada Elsa.

—Durante épocas —comienza la explicación en voz baja y poniendo cara de asco—, dejaban colgados los cadáveres de los maleantes y ajusticiados en la ciudad durante meses para que todos los que entraran en la ciudad lo vieran y supieran lo que hacían en Zaragoza.

Ha conseguido que las chicas pongan cara de casi vomitar. Erik y yo nos miramos con complicidad y encogemos los hombros al mirarnos.

Seguimos andando y giramos la cabeza a la izquierda hacia la antigua Puerta del Ángel.

—El peor suceso —continúa Samuel, señalando hacia el puente de piedra— fue cuando, en 1592, ejecutaron al Justicia de Aragón poco después de que el ejército castellano ocupara la ciudad. Lo tuvieron colgado siete años, hasta que, en 1599, Felipe III realizó una visita a la ciudad.

— ¡Qué barbaridad! —suelta Elsa—. ¡Qué asco! ¿Cómo podían hacer eso?

Menuda historia. Solo se le podía haber ocurrido contarla a Samuel. Este chico solo conoce cosas truculentas.

Erik se ha dado cuenta de que la historia no ha gustado. Veo que se queda parado justo cuando estamos enfrente del edificio de la catedral de La Seo para que todos lo miremos:

—Por cierto, y por cambiar de tema —comienza diciendo el rubio—, mis padres no recibieron el mensaje en el móvil con lo de «Zaragozasedesplona», pero todos los padres de los compañeros de clase que he preguntado sí.

Sin querer, miro a mi derecha a Samuel para ver si aprovecha el momento y nos da la información que antes no ha querido contarnos. Pero está claro que este chico solo habla cuando quiere. No sabremos si sus padres recibieron el mensaje Realmente no sabremos nada de sus padres. Sigue caminando con ese estilo tan característico suyo en el que parece que son los hombros los que caminan también, uno delante, luego detrás, ahora el otro y así todo el rato. Ni nos mira.

Sofía añade:

—De hecho, les he preguntado a los profesores de esta mañana, y a ellos también. Es muy extraño.

—Pues a mí me parece que es una campaña de *marketing* —añado, y consigo que Sofía me mire atentamente—. Seguro que han encargado a una empresa algún tipo de idea publicitaria nueva para promover la ciudad.

—Pues lo están haciendo muy bien —comenta Sofía.

—¿Por qué lo dices? — La mira Elsa.

—Porque están consiguiendo que un montón de gente hable de Zaragoza —contesta Sofía—. Ese mensaje que comentáis, los que lo han recibido lo han enviado a otros porque les parecía interesante y se está haciendo viral.

Es más, no os lo vais a creer —interrumpe Erik mirando la *tablet* y se acerca a los bancos de la parada del autobús cercana para sentarse.

Todos le seguimos y nos sentamos a su lado. Nos enseña la pantalla y dice:

—Es muy buena esa empresa de *marketing,* porque está en inglés, francés e italiano. Mirad, si tecleáis «Zaragozacollapses», el buscador va a una sola página y es lo mismo que hemos visto antes, pero en inglés. Y si tecleáis «Zaragozasécroule», en francés, y «Zaragozacollassara», en italiano.

—¡Son buenos! —dice Elsa con tono de admiración—. Por cierto… ¿quiénes son?

—Eso es lo más misterioso —responde Erik—, no lo pone, y no puedo saberlo. Me he sentado porque estoy tratando de rastrear al originador… pero no hay manera. —Nos señala la pantalla y dice—: Veis, si vais a esta página web, te dice quién es el propietario de cualquier web. Lo he hecho y me aparecen unos datos, pero luego no puedo llegar hasta el origen.

Sé de lo que está hablando porque al final del curso pasado tuvimos que hacer un trabajo de Internet. Nos explicaron todos los trucos para crear una página web, para registrar un dominio y cómo ha evolucionado en los últimos años. Hicimos cada grupo un ejemplo. Me quedé sorprendido de lo fácil que era, pero lo que dice Erik es verdad, debería ser sencillo descubrir quién está detrás de esa dirección URL porque se han tenido que dar de alta en algún servidor. Nos explicaron que había gente que para que no les encontraran se daban de alta a nombre de una empresa ubicada lejos. Luego se descubría que era propiedad de otra ubicada en Europa, y así tenías que ir rastreando para encontrar el original. En el trabajo que hicimos, siempre llegamos a encontrar al originador. Pero hoy no.

—Me parece muy bien, que creen misterio. Eso es bueno para la ciudad. Más publicidad. Nosotros a lo nuestro. — Trato de terminar la charla, sobre todo, porque gira todo entorno a Erik.

Sofía me mira porque el hombre que estaba sentado en el banco se acaba de desequilibrar. Además, se ha quedado dormido. Su cabeza se ha apoyado en su hombro. Con un gesto de asco, retira al hombre, quien literalmente se desploma en el banco, dejando solo las piernas fuera de él. Una vez que se ha repuesto, como si no hubiera pasado nada, dice:

—Sí, pero no deja de ser extraño que el mensaje no lo hayamos recibido ninguno de nosotros ni de la gente de nuestra edad.... — Se queda un momento en silencio—. Ni los padres de Erik. Cuando se han propagado otras cosas a alguno de nosotros siempre nos ha llegado algo.

—De todas maneras, no nos distraigamos de lo importante — la hace callar Elsa, señalando al señor que acaba de apartar—. La gente se está cayendo por las calles, y eso no creo que sea una imaginación nuestra. En el rato que llevamos andando por la plaza del Pilar hasta aquí ya he visto al menos a cuatro personas, sin contar este. —Señala al que está a su lado.

Nos levantamos del banco, caminamos por la calle Don Jaime hacia nuestro objetivo mientras miramos alrededor en silencio. Todos podemos ver lo mismo: gente desequilibrándose y desplomándose en muchos sitios.

Al pasar por una tienda de periódicos, me acerco, lo miro, les hago señas al resto. Señalo en silencio la portada del periódico principal de la ciudad. Todos pueden ver el titular de portada: «ZARAGOZA SE DESPLOMA». No me resisto y compro un ejemplar.

Sin quererlo, acabo de conseguir lo que no esperaba, pero ansiaba.

Tengo a Sofía totalmente pegada a mí, leyendo la portada conmigo. No consigo leer, creo que es la primera vez que la he tenido tan cerca. Sin quererlo, sus pechos están apoyados en mi brazo. Me imagino tantas cosas que trato de evitar pensar en eso. Erik y Elsa nos preguntan sobre lo que pone. Leemos rápido en voz baja y, casi a la vez, el tercer párrafo del artículo. En realidad, empezamos a leerlo y nos paramos inmediatamente al darnos cuenta de que hemos empezado al mismo tiempo y por el mismo texto. Nos miramos durante un segundo. Me sonríe. Rápidamente, me callo. La dejo a ella que lea:

—«Tras la avalancha de gente cayéndose por la calle, el Ayuntamiento se ha visto obligado a organizar un grupo de recogida de personas afectadas, con el objetivo de llevarlos a sus casas hasta que averigüen lo que está pasando. Algunos se quedan tan desorientados que no pueden hablar. El principal problema que se está encontrando el Ayuntamiento es que algunas personas quedan muy desorientadas y no llevan suficiente documentación o en la dirección que aparece, o no hay nadie o no contesta nadie.»

Sofía se para, me mira un momento y continúo leyendo solo:

—«Se recomienda a todos los adultos de Zaragoza que salgan a la calle con documentación suficiente para, si es necesario, averiguar dónde viven. Si llevan teléfono móvil pongan en el primer lugar de la lista de teléfonos guardados el de la persona que quiera que llamemos en el caso de que necesite ser auxiliado.»

Me paro, leo, miro a Sofía y, sin darnos cuenta, leemos a la vez la última línea:

—«El Ayuntamiento considera que no hay motivo de alarma y recomienda a todos los ciudadanos que sigan haciendo vida normal.»

Al terminar y mirar las caras de Elsa y Erik, no consigo decidir quién de los dos está más sorprendido. Los dos nos miraban mientras leíamos, pero se han quedado de piedra.

Samuel está de pie en la acera con la mirada puesta hacia donde nos dirigimos.

—Es curioso —empieza diciendo—, en esta calle no hay nadie en el suelo.

Miramos a nuestro alrededor y hay que darle la razón. Desde que hemos girando en la plaza de La Seo a la calle Don Jaime, nadie parece tener problemas de equilibrio.

Erik ha dejado de mirarnos. Ha fijado su vista en un reloj-calendario cercano, donde se ve la fecha del día de hoy.

CAPÍTULO 15

Sofía

Caminar por la calle Don Jaime puede llegar a ser complicado en algunos momentos del día. A papá y a mamá les parecía muy bien que hubiesen puesto el suelo de la calzada con adoquines porque le daba un carácter más antiguo a esta zona de la ciudad. Lástima que hace pocos años los quitaron y volvieron a poner asfalto. A mí lo que me gustaba es que hubiesen reducido el tráfico, o al menos eso dijeron en su momento. El problema es que la calle es estrecha, solo hay un carril para vehículos, y entre taxis y autobuses de línea se bloquea muchas veces. Especialmente porque suele haber mucha gente por las aceras y algunos cruzan la calle por donde no hay semáforo y se organiza el caos.

Hoy es uno de esos días. A diferencia de la plaza del Pilar, la calle está absolutamente a rebosar de gente y de coches. Ya desde pequeña he disfrutado de esas tiendas (que todavía permanecen) donde venden caramelos de la ciudad y frutas confitadas con chocolate. «¡Sofía deja esas que tienen alcohol!», era el comentario siempre de mamá cuando quería comprar las guindas de marrasquillo. Son las que más me gustan, pero como decía mamá, llevan algo de licor. En fin, con dieciséis años nadie me dice nada y podría comerme las que quisiera. El problema es que están bañadas en chocolate y es a los dieciséis cuando tengo ciertos problemas con el chocolate. Nunca encuentro el equilibrio con estos dulces. «Quizá más adelante», me repito a mí misma mientras seguimos caminando.

Afortunadamente después del último tramo de caminata, identificamos el portal de la calle según la referencia de la nota. Miro el botón del timbre, observo a los demás y creo leer el mismo pensamiento que tengo yo: No sé qué decir. No tengo ni idea de cómo presentarnos. Nos quedamos en silencio un momento mirando el timbre hasta que Erik avanza y lo presiona. El resto lo miramos extrañados, y él nos observa encogiéndose de hombros como preguntando en silencio «¿¡Y qué otra cosa vamos a hacer!?».

Al cabo de un rato se escucha una voz por el altavoz del timbre:

—¿Quién es?

Claramente es una voz de hombre. No es joven y es una voz profunda. Unos a otros nos miramos sin saber qué decir, hasta que Erik dice muy deprisa y nervioso:

—Nos han dado una nota con esta dirección.

Se escucha silencio. Y de nuevo la voz:

—¿Dónde os han dado la nota?

Silencio, miradas entre nosotros hasta que Elsa dice vacilante:

—En el Museo Provincial.

De nuevo silencio y la voz:

—¿Quién os la ha dado?

Rápidamente dice David:

—No podemos decirlo.

El resto le miramos entres sorprendidos y enfadados por la respuesta. Me parece que acaba de estropear todo con esa respuesta. Sin decir nada le recriminamos con gestos lo que acaba de hacer. En medio de la discusión silenciosa, se abre la puerta del portal.

Nos quedamos mirando el interior absolutamente callados, pero vemos que David no desperdicia el momento para mirarnos a todos y sonreír ampliamente.

Medio empujándonos, Samuel se cuela entre nosotros y es el primero en cruzar el portal y ponerse a subir las escales. Se ha dado cuenta de que nos hemos quedado parados mientras ha subido cuatro escalones. Se gira hacia nosotros y, con una sonrisa que nunca le había visto, se encoge de hombros y como un niño pequeño sube rápido las escaleras para ser el primero.

Sin ni siquiera mirarnos, pero sabiendo cada uno que el resto tiene dibujada una sonrisa en la cara, seguimos detrás de él.

Subimos las escaleras hasta que llegamos a la casa. La puerta está abierta y se oye al fondo una voz de hombre mayor:

—Pasad, pasad, ya sé a qué habéis venido.

CAPÍTULO 16

Lunes, 19 de diciembre de 2016
Hora: 17:00

David

Aunque mi familia vive lejos del centro de la ciudad, en varias ocasiones había visitado amigos de mis padres en este barrio. Casi todos los pisos eran bastante oscuros y adornados con muebles de madera antiguos. No sabía lo que me podía encontrar en esta casa que íbamos a visitar. Miro a Sofía, luego al resto y veo que estamos todos igual de expectantes.

La habitación no es muy grande, diría que es como un cuadrado de cuatro metros de lado, suficiente para acoger el gran sofá de cuatro plazas, la mesa y las seis sillas que hay a su alrededor. Junto al salón-comedor existe una cocina *office* que está conectada con el mismo y se ve que alguien ha estado cocinando hace poco rato. Lo que más me sorprende mientras estoy sentado con el resto y el hombre alrededor de la mesa es que todo está decorado de blanco. No solo la pintura de las paredes, el tapizado del sofá, las mesas y las sillas, sino también el suelo.

Estamos todos sentados en torno a la mesa. El hombre parece mayor y, sobre todo, cansado. Su mirada es penetrante, genera cierto misterio. Lleva una túnica blanca que le cubre desde la cabeza a los tobillos. Calza botas negras. Aunque está un poco oculto principalmente por la túnica sobre la cabeza, veo que tiene el pelo blanco y unos penetrantes ojos azules muy claros. Calculo que tendrá unos setenta años y, aunque de piel arrugada, se nota que se conserva muy bien.

El hombre rompe el silencio mientras nos mira:

—¿Sabéis realmente por qué habéis venido?

Nos miramos unos a otros y asentimos con la cabeza. Sofía dice:

—Porque nos dieron una nota con su dirección.

El hombre vuelve a hablar, pero esta vez con una pequeña sonrisa en la boca:

—Me refiero a si sabéis la verdadera razón de por qué habéis venido.

Sofía nos mira a todos. No sé qué contestar ni cómo ayudar a resolver esta situación. Nadie contesta. Samuel está girando la cabeza inspeccionando descaradamente todos los rincones de la habitación, como si la conversación no fuera con él. Erik y Elsa no dejan de mirar al hombre a los ojos directamente. Sofía se está frotando los ojos como siempre hace cuando está nerviosa. Me pregunto cómo es posible que la superficie de la mesa esté tan blanca, que no tenga ninguna marca, raya o al menos algo que haga pensar que se ha usado alguna vez.

El hombre consigue sorprendernos porque se pone de pie rápidamente desplazando la silla hacia atrás y dice:

—En ese caso, no os puedo ayudar. Que tengáis buen día. Por favor dejad la puerta cerrada al salir. —Y se acerca a la ventana, mueve la cortina con la mano y se pone a observar a la gente que pasa por la calle.

Después de que nos ha hecho pasar, ¿nos despide ya? ¡Menuda estupidez! ¡Este tío está loco! Le miro a la cara. Veo que Sofía es la que más sorprendida se ha quedado. Está incómoda, como enfadada y parece que va a explotar. No tengo ganas de conocer a esta chica enfadada. De hecho, ella es la primera en levantarse dispuesta a salir. El resto hacemos lo mismo y la seguimos.

Cuando estamos avanzando hacia la puerta, Sofía que claramente no quiere dar por perdido el encuentro, porque en el fondo estamos aquí por ella, se vuelve, se acerca al hombre, le muestra la nota y señalando al rectángulo dibujado en la parte de abajo, dice:

—Hemos venido porque hice una pregunta y me dieron este papel con este dibujo.

Se queda callada mientras extiende la mano con el papel desplegado para que quede a la vista del hombre.

La situación es casi ridícula. Sofía de pie, el resto a punto de salir por la puerta.

No, todos no.

Ahora me doy cuenta que Samuel ni se ha movido de la silla y de hecho está escribiendo algo en su *tablet* apoyado en la mesa.

El hombre deja de mirar por la ventana, observa el dibujo, abre los ojos mirando a Sofía mientras con un leve giro de cabeza sube un poco las cejas.

Sofía lo mira y dice:

—Ya sé lo que es el rectángulo…

El hombre tranquilamente se gira hacia Samuel que había dejado de anotar y también clavaba sus ojos en los del viejo. El friki se encoje de hombros y suelta una de sus sonrisas raras. Digo raro porque soy incapaz de saber qué quiere decir.

Por fin, el hombre se vuelve hacia Sofía, la mira a la cara, sonríe enormemente y nos indica con la mano a todos que volvamos a sentarnos. Samuel nos sonríe a cada uno de nosotros.

Justo cuando nos estamos sentando, Sofía continúa la frase:

—… pero no sé lo que significa el resto.

El hombre, mirándonos a todos a la cara y tras sentarse de nuevo en la silla, dice:

—Buenas tardes, me llamo Nicola. Y os lo voy a explicar.

CAPÍTULO 17

Lunes, 19 de diciembre de 2016
Hora: 18:00

Sofía

Normalmente suele haber chicos jóvenes con monopatines practicando nuevos saltos junto a la entrada de la catedral de La Seo y junto a la entrada del foro romano. Aprovechan la pendiente para hacer saltos e incluso a veces utilizan las escaleras que hay junto a la fuente para hacer sus piruetas. Hoy no hay nadie debido al frío. Sigue luciendo el sol, pero el viento causa una sensación helada en esta época del año.

Según me contaba mamá, la plaza de La Seo antes era diferente. Parecía más pequeña, con una zona peatonal en el centro rodeada por una calle para que circularan los coches. La plaza destacaba por los árboles que desde luego en los días de más de cuarenta grados en verano era muy bienvenidos. En la actualidad, que es lo que yo conozco, no hay sombras. Esta plaza es una continuación al gran espacio diáfano de la contigua plaza del Pilar. En el fondo es como una extensión de la otra, aunque aquí hay varios niveles de suelo. Unas escaleras que suben tres escalones de unos veinte centímetros cada uno, paralelos a la calle Don Jaime y luego bajan cinco hasta el nivel de la plaza. Estos se utilizan realmente como bancos para sentarse.

Veo la gran superficie de agua que se extiende en la fuente junto al alto monumento en mitad de la plaza y todo el banco corrido para sentarse a lo largo de la fuente. Tendrá unos veinte metros de alto, son tres paredes verticales rectangulares de grandes azulejos de color marrón clarito, que se elevan tocándose en los lados cortos. Justo debajo está señalada la entrada al foro romano.

De los cuatro lados de la plaza, uno es la propia calle Don Jaime I, otro es un edificio de tres pisos pintado en un color ocre que destaca frente al color blanco de la fachada de la capilla adyacente a la catedral de La Seo que está en el lado opuesto a la calle. La entrada principal a la catedral es del mismo color del ladrillo oscuro del resto de la iglesia. Me siento pequeña entre tanto edificio y monumento enorme.

La verdad es que cuando el tiempo es bueno, suele haber bastante gente en este sitio. Hoy no ocurre eso.

Aprovechando que todo el banco a lo largo de la fuente está vacío y no hay nadie en la plaza, me siento la primera, pero en el suelo, para protegerme del viento. He puesto horizontal un gran mapa de la ciudad de Zaragoza que nos acaban de dar hace unos minutos en la Oficina de Turismo tras salir de la casa de Nicola.

Erik que, desde hace un buen rato, no ha tratado de darme la mano, me mira sin decir nada. Mecánicamente superpone un papel transparente que ha comprado Elsa en la tienda de la esquina. En él habíamos dibujado el rectángulo con las líneas que les había dado la guía, pero a escala.

No quiero preguntarme cómo, pero Samuel ha sacado de sus bolsillos una pequeña regla, una escuadra y un semicírculo de los que se usan para medir los grados en los ángulos de clase de geometría. Es impredecible este chico, no deja de sorprenderme.

Mientras mira, Elsa dice:

—Esto es lo que nos dijo Nicola. Que pusiéramos el mapa de Zaragoza con el rectángulo superpuesto.

David se agacha para ver el detalle y dice:

—La verdad es que es increíble. ¡Cómo coincide! El *Cardus* y el *Decumanus* girado y el rectángulo también.

Acaba de parar un poco el viento, pero el frío se deja sentir igual que antes. Las nubes grises siguen arriba anunciando que pronto va a llover. A nuestro alrededor nadie nos mira, no porque no tengan curiosidad, sino porque no pasa nadie. Estamos literalmente solos en la plaza. Me encanta.

Mientras observan el mapa miro a David lo bien que le queda el flequillo y lo atractivo que hoy está. Supongo que todos los deportistas que hacen remo tienen el cuerpo tan fuerte como el suyo. Diría que no le sobra ni un gramo de grasa. Hoy está especialmente simpático... ¿Por qué me estoy fijando en él? Erik está hoy muy guapo también... ¿qué me pasa? David es mi amigo y Erik es mi novio, punto. Volvamos a lo que estamos haciendo.

—Y se ven las cuatro puertas de la ciudad y las esquinas —comento—. Queda claro que no está orientado al norte.

—Entonces —dice Erik, sin mirarme—, según dijo Nicola, el dibujo que te entregaron es el rectángulo solsticial.

Señala el dibujo que tiene en la mano con el rectángulo mostrando las diferentes direcciones de puestas y salidas del sol de los diferentes solsticios y equinoccios. Según nos dijo Nicola, «el trazado de las murallas de la ciudad romana está inscrita dentro de un rectángulo cuya proporción no es arbitraria, ya que guarda una relación de proporción entre sus lados, vinculados a la latitud de la ciudad de Zaragoza».

Reconozco que hasta hace unas horas en casa de Nicola nunca había oído hablar del rectángulo solsticial. No sé qué pensar. Afortunadamente Erik, al ver la cara de todos con lo del tema del rectángulo, está leyendo en la *tablet* lo que le aparece en Internet:

—«... El rectángulo solsticial tiene una proporción específica definida por la orientación de la salida del sol en el solsticio de verano. Este ángulo respecto al norte, llamado azimut, es diferente en función de la latitud a la que nos encontramos, lo que exigía calcular esta orientación a través de la sombra que creaba una vara vertical este día solar. Una vez marcada la sombra, se trazaba un círculo. La intersección de esta sombra sobre el círculo definía un rectángulo inscrito en el mismo, cuya diagonal era esta sombra...»

Le vemos que mueve el dedo en la pantalla de abajo arriba para seguir leyendo el texto:

—«... Este trazado geométrico era fundamental para la creación de cualquier construcción sagrada, y ha sido utilizada por todas las culturas...».

—¡Impresionante! —se me escapa—, no tenía ni idea.

Los demás no dicen nada, pero por sus caras, lo han debido de conocer a la vez que yo. Esto me empieza a gustar cada vez más. Me parece que estamos abriendo una puerta hacia una habitación en la que no hemos estado nunca... ¿Y la mujer de la heladería? ¿Qué hago con lo que me dijo después en la plaza San Felipe? ¿Peligro? No quiero creer nada... pero, su mirada... Había algo de profundidad en ella. ¿Y lo que le dijo el guarda del museo a Elsa? ¿Cómo voy a olvidarlo?

—Es la segunda vez que aparece lo de la ciudad sagrada, y ahora... construcción sagrada —apunta David y me vuelvo a centrar en la conversación.

—Y así, girándolo un poco —dice Elsa, mientras mueve sobre el plano el papel transparente con el rectángulo dibujado—, se hace coincidir el *Cardus* y el *Decumanus* de las dos calles.

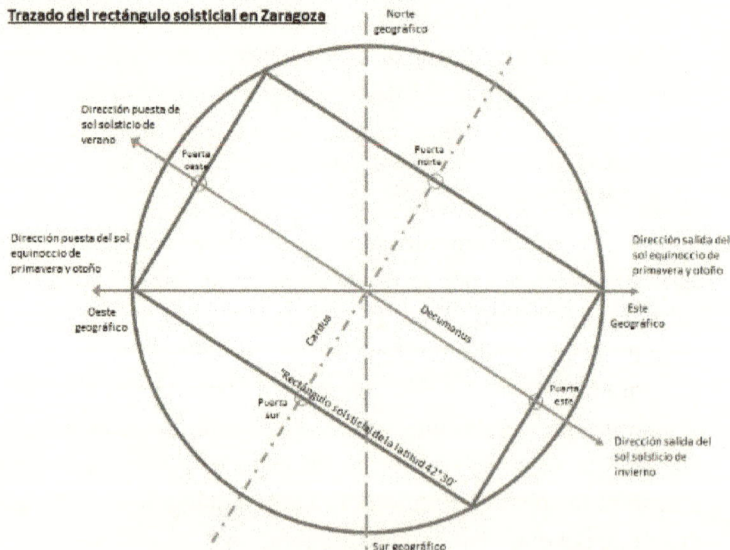

Trazado del rectángulo solsticial en Zaragoza

David y Elsa exclaman a la vez:

—¡Es alucinante la coincidencia! Nicola tenía razón.

Nos quedamos en silencio todos observando y girando el papel transparente para comprobar cada uno en su turno las orientaciones y coincidencias.

—Y no olvidemos lo que dijo el viejo —nos sorprende a todos Samuel hablando.

El problema es que lo hace tan rápido y tan cerrado al hablar que casi no le entiendo. Coge su bloc de notas y empieza a leer:

—«Este rectángulo es conocido en geometría operativa como "rectángulo solsticial" y tiene la virtud de armonizar las energías de la tierra en su interior, ordenando los cuatro elementos (fuego, agua, tierra y aire), en sus cuatro esquinas, y el quinto elemento, el éter, en su centro.»

Elsa deja de mirar el mapa y fija sus ojos en los míos:

—¿Por qué le dijiste al viejo que sabías lo que era el rectángulo?

Se hace un poco de silencio y ya son los cuatro los que me están mirando.

Me siento observada e interrogada.

Pero no me molesta.

Voy a contestar.

Pero me paro un momento porque comienzan a oírse las campanas de la catedral. Son las siete de la tarde.

—Porque está en el libro que mi padre dejó abierto el día que desapareció —contesto una vez que han acabado las campanas y, mirando el papel, continúo—: Desde que mi padre ya nunca volvió de la última expedición en que participó, mi madre no ha querido tocar nada de la mesa de trabajo. —Me quedo en silencio mirando el plano—. La desaparición de mi padre fue un golpe muy fuerte para ella. Imaginaos, se fue a unas excavaciones al norte de Italia y desapareció. Nunca se supo más de él. Las autoridades le dijeron a mi madre después de un mes de búsqueda que lo daban por desaparecido. Ella se sumió en una profunda tristeza durante las siguientes cuatro semanas. Luego reaccionó, se volvió de nuevo activa en casa, y ordenó las cosas de mi padre de las habitaciones, excepto en la que usaba de despacho de trabajo.

Creo que nunca les había contado tanto detalle. Me siento aliviada y sobre todo me siento escuchada y querida por mis amigos. Elsa me está mirando con tanta ternura que le daría un abrazo ahora mismo. Trago algo de saliva antes de seguir.

—Como os podéis imaginar — continúo—, como investigador que era, tenía toda la mesa siempre desordenada. Aparte de ser profesor de Historia en la universidad, tenía varios trabajos de investigación en curso, y lo tenía todo encima de la mesa. No me preguntéis por qué, pero mi madre no quiere tocar nada, dice que cuando alguno de sus hijos sea mayor y tenga conocimiento del tema, podría continuar sus investigaciones. La verdad es que a mí la historia no me va, espero que alguno de mis hermanos pueda cumplir la voluntad de mi madre.

Provoco un pequeño silencio, solo para confirmar que me escuchan y continúo:

—Al verlo en el papel que me entregó la guía, revisé alguno de los libros de la mesa de mi padre, y estaba en uno de ellos abierto por la página 23 con el dibujo. El libro se llama *La ciudad de Zaragoza*, Nomenclarot 1808.

Como lo llevo hoy conmigo en la mochila, lo saco por si alguno quiere hojearlo. Samuel prácticamente me lo quita de las manos y se poner a rebuscar en su interior.

—Pero por mucho que leía, no entendía por qué estaba girado. Revisé en Internet y vi otras ciudades en el mundo que se construyeron con el concepto de *Cardus* y el *Decumanus,* pero en ninguna que haya visto, está girado. Seguro que habrá alguna, pero yo no la encontré, solo esta: Caesaraugusta.

Me cae una gota en la mano. ¡Mierda! Está lloviendo. Recogemos rápidamente el plano y el resto de cosas que hemos extendido.

—Solo nos queda lo más importante: averiguar el resto — dice David al aire mientras tratamos de salir corriendo a los porches.

En el fondo, me siento aliviada por su comentario. Si no, parece que soy la única loca en esto.

Seguimos corriendo.

Ya estamos protegidos del agua en los porches justo delante del restaurante Las Palomas.

Erik vuelve a desplegar el mapa en el suelo y nos ponemos a su alrededor. Ahora sí que hemos conseguido llamar la atención. La poca gente que pasaba se ha quedado donde estamos nosotros esperando también a que deje de llover. Veo que algunos curiosos se acercan por encima de nuestros hombros a mirar.

Menos mal que llevamos a Samuel. Con un par de comentarios groseros consigue espantar a los que se nos acercan. El resto nos miramos encogiéndonos de hombros y volvemos la vista de nuevo al plano.

Erik nos mira a todos y tomando una actitud que todavía no le había visto, empieza a tomar la iniciativa, ordena los planos, los papeles y dice:

—Confirmemos lo que tenemos. Según esto, la calle Don Jaime I es el *Cardus,* la calle Mayor y su continuación Espoz y Mina, es el *Decumanus.* Las cuatro puertas sabemos dónde están: una enfrente del puente de Piedra, otra al lado de las murallas romanas, la tercera es la entrada de El Tubo y la cuarta es la plaza de la Magdalena.

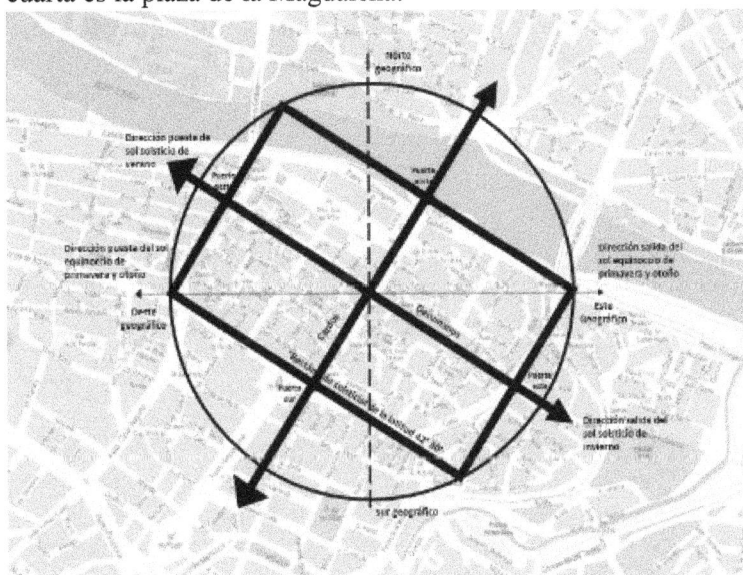

Elsa lo mira y lanza la pregunta al grupo:

—¿Y esto qué tiene que ver con que los adultos se desequilibran?

Consigue sacarnos una sonrisa a todos… menos a Samuel.

CAPÍTULO 18

Lunes, 19 de diciembre de 2016
Hora: 20:00

David

Al entrar ya me he dado cuenta de que la casa de Nicola no está igual que la última vez que estuvimos. Lleva la misma ropa: una túnica blanca y larga. Pero esta vez, me fijo en una figurita que hay a la entrada de la casa. No sé lo que es ni lo que representa. Es solo una cabeza de hombre. Aunque realmente no es solo eso, es una cabeza de hombre con dos caras. Cada una mira en sentido opuesto. Estoy seguro de que he visto esa figura antes, pero no recuerdo dónde.

Veo que también Sofía se ha fijado en la figurita. No me sorprende porque hay algo extraño en ella. Me parece que está todo muy ordenado.

¡Guau! ¡No me lo puedo creer! Hago señales a los demás para que se fijen en el símbolo que está por todas partes. Es el mismo rectángulo girado que vimos en el papel de la guía del museo. En el centro tiene un pequeño símbolo, pero es tan pequeño que no estoy seguro de lo que representa concretamente. Estoy convencido de que esta tarde no estaba ahí, y ahora lo tiene no solo en dos cuadros en la pared encima del sofá, sino también sobre el mueble debajo de la ventana. Tiene forma de pequeño adorno dibujado en el relieve de un trozo de piedra romana que se apoya en el mueble.

El plano de la ciudad y los rectángulos que hemos hecho están extendidos en la mesa.

Tras esperar un rato a que todos estén en silencio, junto a Nicola, Sofía comienza diciendo:

—Nicola, hemos puesto los planos encima y hecho lo que nos dijo. Según la charla de esta tarde, ya estamos preparados para que nos explique el siguiente paso.

Lo miro un poco escéptico.

Mi cabeza está llena de contradicciones ¿Qué hacemos aquí con un viejo que no conocemos y con algo que nos parece increíble en mitad de un problema enorme en la ciudad? Nunca me había pasado, pero por un momento diría que esto es solo un sueño. Me gusta soñar, evadirme de la realidad, pero en esto parece que ya lo hemos hecho y me despertaré dentro un rato.

Tras el comienzo de Sofía, veo que Erik y Elsa esperan la respuesta del hombre; Samuel, por su parte, como siempre, callado, como ausente. Aunque esta vez detecto que está como yo, mirando a todos lados repasando cada rincón. Si no fuera porque es humano pensaría que está haciendo un rastreo electrónico con su mirada por toda la habitación tratando de subirlo a su memora virtual.

Como nadie habla, sin querer ser ofensivo, digo:

—Lo cierto es que todo este misterio con la guía entregándonos el papel, el encuentro con usted ha coincidido con lo que está pasando en Zaragoza.

Interrumpo mientras giro la cabeza por toda la habitación.

—He visto que usted no tiene ni televisión ni ordenador y tampoco he visto que tenga móvil. Así que no sé si sabe que se ha extendido un mensaje de que Zaragoza se desploma y la gente se está desmayando por las calles.

Me callo. Nadie habla. Se puede cortar el silencio en la casa.

—Sabía que algún día sucedería… —responde Nicola y desde luego que consigue la máxima atención por parte de todos, incluso de Samuel que, desde que habíamos entrado, aún no le había mirado a la cara.

Nos quedamos callados, mirándolo en silencio. Todos tenemos los ojos abiertos como platos esperando a que continúe.

—… por eso estoy aquí —termina la frase el hombre.

En ese momento nos miramos unos a otros. No sé si con cara de asombro o pensando que está loco. Lo cierto es que, desde el primer encuentro a este, todo lo que ha dicho hemos comprobado que es verdad, y ninguno lo sabíamos.

Se levanta lentamente apoyando las dos manos en la mesa. Gira la cabeza hacia la ventana. Todos, incluido Samuel esta vez, nos acercamos hacia él para mirar. Las cortinas están descorridas. Vemos en la parte de abajo el cruce de las calles. Subiendo la mirada observamos en la parte superior del edificio de enfrente una veleta de color oscuro, con una circunferencia del mismo color debajo con los cuatro signos cardinales. Hoy sopla viento del noroeste y la veleta así está orientada.

Con una mano nos pide que nos sentemos alrededor de la mesa.

—Ya me dijisteis —comienza el hombre— que la profesora os había explicado por qué esta ciudad la utilizó el emperador Augusto como una de las primeras ciudades en la península Ibérica. A estas alturas ya os imagináis por qué el nombre de la península Ibérica lleva el nombre del río que pasa por aquí.

Todos asentimos.

—También os han explicado que, para Roma, esta era una ciudad sagrada.

Volvemos a asentir, pero esta vez miro alrededor en la casa, sobre todo la figurita del mueble de la entrada. Una sensación extraña me recorre todo el cuerpo, como si me hubiera pasado una pequeña descarga eléctrica.

—Debería seguir siendo una ciudad sagrada, el problema es que alguien está cambiando el orden de las cosas.

Veo las caras de Erik y Elsa levantando las cejas y sonriendo a la vez. Samuel vuelve a tomar notas. Empiezo a sentirme incómodo y pensar que estamos hablando con un loco, pero cuando de reojo miro a Sofía, veo que está totalmente interesada en la conversación.

Es curioso porque me viene a la cabeza la mujer de la heladería y la hija con el colgante del símbolo. Todos la vimos en la plaza San Felipe hablando con Sofía. No sé si Sofía nos contó todo lo que le dijo. Ya solo el hecho de que le haya advertido de que hay peligro si seguimos adelante, me hace estremecer por un momento. ¿Tendrá algo que ver con lo que nos está contando Nicola?... ¡En fin! Voy a dejar de pensar en idioteces porque todo esto ya me está rebasando. A ver cómo continúa.

—Vosotros tenéis pocos años, pero si preguntáis a vuestros padres y abuelos que hayan vivido más tiempo aquí, os pueden confirmar que Zaragoza tiene además dos cosas que pocas ciudades en la península pueden poner en su cartel anunciador: viento y sol.

Se para un momento como para tomar aire y continúa:

—El viento y el sol, junto con la propia geografía de la zona han hecho que la gente que vive en Zaragoza, y no digo los que nacen, sino los que viven... —Permanece un momento en silencio—: ... tengan esa fuerza interior que a lo largo de la historia les ha permitido hacer cosas increíbles.

Empieza a caminar por la habitación, como si quisiera dar vueltas a la mesa.

—Preguntad a los profesores y a los padres y veréis cuántas personas que han vivido en Zaragoza son conocidas por importantes hazañas, incluso la propia ciudad ganó el título de Muy Noble, Muy Leal, Muy Heroica, Muy Benéfica.

—Eso está en el escudo de la ciudad —dice Elsa en voz alta.

—Así es —responde Nicola—. Además, ese atributo que se dice de los de Zaragoza que son muy persistentes, se debe a la mezcla del viento y el sol... y a algo más.

Aprovechamos para mirarnos mientras el hombre se acomoda en la silla.

—¡¿Cómo una persona que es capaz de adaptarse a este clima tan severo, cambiante y extremo no va a ser persistente?!

Se queda callado, y añade:

—¿Qué es ese algo más? —continúa Nicola y se queda mirando en silencio por la ventana—. La ciudad la fundó Roma orientando el *Decumanus* en la dirección del viento dominante que aquí le llamáis cierzo. Es decir, se asumía que, para el equilibrio sagrado, ese viento tenía que entrar siempre por la puerta Oeste y salir por la puerta Este.

Se vuelve para mirarnos de nuevo. Se fija que Erik ha vuelto a la silla, la ha girado y se sienta ahora con el cuerpo y los brazos apoyados en el respaldo. Samuel se ha sentado en el sillón y no para de anotar cosas en su *tablet*.

—Además, la puesta de sol el día que cambia la primavera al verano (solsticio de verano) debe iluminar claramente la puerta Oeste, y la salida del sol del día que cambia el otoño al invierno (solsticio de invierno) debe iluminar totalmente la puerta Este. Es parte de la clave del equilibrio.

Volvemos a mirar a la mesa donde Erik gira bien el papel transparente con las figuras geométricas dibujadas sobre el mapa de la ciudad para que coincidan como habíamos descubierto.

Elsa no se aguanta lo que piensa:

—¡Eso es increíble! Yo creo que lo sabe muy poca gente en esta ciudad.

Sofía salta, diciendo:

—¡¿Cómo pudieron los romanos calcular todo eso y construir toda una ciudad siguiendo un simple dibujo?!

Miro de nuevo el plano y digo:

—O sea, que el 23 de diciembre, al amanecer, se debería iluminar totalmente la iglesia de la Magdalena… —Hay algo que puede ser una tontería, pero lo diré—: ¿Por eso su plaza está así, para que no exista nada que la tape del sol?

Se produce silencio entre todos, hasta que Nicola se incorpora en la mesa y dice:

—¿Veis? —Señala el plano con sus grandes dedos—: El viento entra por aquí y debería salir por allá, y como muy bien dices tú —extiende su mano derecha hacia mí—, al amanecer del día del solsticio de invierno, el sol debería iluminar la iglesia.

Lo que dice tiene sentido, aunque todo esto es muy raro. Pero… ¿y si es verdad? Miro el plano y veo las direcciones de las calles que comenta. Lo de la iglesia de la Magdalena me parece impresionante. He pasado por ahí un montón de veces. Es cierto, que la mayor parte del tiempo le da el sol. Pero que justo la calle que comienza donde está la entrada de la iglesia esté orientada hacia el sitio exacto donde amanece el día del solsticio de invierno… ¡Cómo sea verdad que lo hicieron por eso!… Una cosa es descubrir una casualidad y otra que eso que pienses que es una casualidad luego descubras que no lo es, porque realmente estaba perfectamente planificado.

En ese momento Sofía interrumpe mis pensamientos:

—¿Y qué tiene esto que ver con que los adultos se desequilibran y se caen?

Nicola se vuelve hacia ella sin expresión en la cara, nos mira al resto y sonríe. Luego se acerca a la ventana de nuevo:

—¿Veis esa veleta? —Espera a que todos nos apretemos mirando a través del cristal—. Si preguntas a la gente de Zaragoza si sabían que hay una veleta justo en el cruce de estas dos calles, ¿qué creéis que dirían? ¿Creéis que lo conocían?

Hay mucha gente por la calle. Esa veleta domina el cruce y yo creo que nadie se ha dado cuenta. Está posicionada recta hacia el noroeste. Antes de entrar en casa de Nicola dejó de llover y ahora está soplando de nuevo el viento. Las nubes siguen cubriendo el sol, la sensación afuera es de frío polar. ¡Cómo agradezco estar aquí adentro! Aunque la temperatura de la calefacción la tiene más baja que en nuestras casas.

Tras un momento de silencio, continúa:

—Muy poca gente lo sabe, yo creo que prácticamente nadie, quizá solo el que la puso ahí… —Mantiene el silencio durante un momento—: … y el que vigila.

Sofía ha llegado a un grado de sorpresa que me parece está pasando a ser incredulidad. Erik lleva un rato poniendo caras de que no se cree nada, Samuel no deja de mirar el mapa persiguiendo no sé qué con la mirada mientras garabatea algo en la *tablet* que lleva consigo. Veo que en Elsa y en mí, este hombre ha conseguido que primero nos sorprendamos y, segundo, que le escuchemos atentamente. Algo hay en él cuando nos mira que, en el fondo, me infunde confianza. No sabría cómo describirlo, quizá la túnica blanca o la manera tan pausada de mover las manos. Manos que ya me fijé la primera vez lo grandes que son. Manos de alguien que las ha utilizado en su vida para trabajar, no para escribir o solo teclear un ordenador como hago yo. Este hombre es especial. Pero mientras lo miro, ya sé lo que nos va a decir a continuación.

—Sí, os lo estáis imaginando bien —sigue Nicola—, yo soy el que vigila.

Creo que esperaba que nos sorprendiéramos más con esa frase. De hecho, Erik deja por un momento el plano, se levanta de la silla y se aleja hacia la ventana. Me ha parecido que Samuel me ha guiñado un ojo en medio de una leve sonrisa. No quiero que se me note nada en la cara. No porque no me esté sorprendiendo, sino porque todavía no sé si estamos en mitad de una chorrada o de algo grande.

—Para los romanos era una ciudad sagrada y todo ello era por este punto del mapa. —Señala el cruce de calles—. El equilibrio de los cuatro elementos de la naturaleza y este punto representaría el quinto elemento que es el éter. Y a través de los tiempos siempre se ha estado vigilando la dirección del viento. Siempre ha habido alguien vigilando que el orden del cosmos se mantuviera, y siempre se ha mantenido…

Se calla de repente mientras deja su mirada fija en la figura de la cabeza de dos caras que hay debajo de la ventana. Se levanta despacio, la coge entre las manos, y termina la frase:

—… hasta ahora.

La cara de Erik ha cambiado, ahora parece que sí le interesa. No para de mirar a la figura de las dos caras. Sofía sigue pensativa mientras le observa, y Elsa se ha incorporado totalmente en la mesa para escucharle más de cerca. Samuel, sin inmutarse ante lo que todos hemos escuchado, sigue haciendo lo mismo, o sea, dibujar en la *tablet*.

Nicola se pone de pie, se acerca a la ventana. Con la vista puesta en la veleta, continúa hablando:

—Lo que está ocurriendo desde hace un tiempo es que el viento en ese punto ya no entra en la dirección exacta que tenía que entrar, es decir el cierzo ya no entra directamente por la puerta Oeste y sale por la del Este. Además, aunque no se puede ver desde aquí, la iglesia de la Magdalena ya no se ilumina por el sol como debería… —Espera un segundo y continúa—: … al menos, según Roma lo decidió.

Consigue que todos nos incorporemos en la mesa y le escuchemos con toda la atención que cinco chicos y chicas de dieciséis años podrían poner a algo en que se les vaya la vida.

—Por eso, toda la fuerza de la gente que vive en Zaragoza, el sol y el viento, se está debilitando, la ciudad sagrada está dejando de serlo porque no se mantiene el orden del cosmos como debería. Y ahora… la gente que ha vivido muchos años en Zaragoza se debilita, se desequilibra, se cae literalmente.

—¡Ah! Por eso solo les afecta a los adultos que llevan más años viviendo aquí —deduce Samuel sin dejar de mirar a su tablet.

Que tío, parecía que no prestaba atención.

Tras un momento de silencio en la habitación, sin mirarnos al resto y con sorpresa para todos, Elsa lanza la pregunta:

—¿Y cómo se puede solucionar?

Lo primero que pienso es que esta chica se ha metido demasiado en la historia o es un poco ingenua. El problema es que quizá yo soy más ingenuo todavía, porque iba a hacer la misma pregunta. Pero no he querido hacerlo porque no sé qué pensaría Sofía luego de mí. De todas maneras, lo mejor será guardar silencio y esperar la respuesta.

—No se puede… — responde Nicola, mirándonos misteriosamente.

Nos removemos todos en el asiento incómodamente, con ojos muy abiertos, Elsa tiene las cejas totalmente levantadas y creo que yo también. Samuel me vuelve a guiñar el ojo. Erik vuelve a dirigir su mirada directamente a la cara del viejo. Sofía se levanta de la silla rápidamente para mirar también por la ventana. Los demás hacemos lo mismo y vemos que, al otro lado de la calle, la veleta ha cambiado de dirección. En ese momento, escuchamos las palabras de Nicola:

—No se puede solucionar —mantiene un silencio, mira a la figura debajo de la ventana y luego continua —aquí.

Inmediatamente Erik se gira y le pregunta:

—¿Qué quiere decir con solucionarlo aquí?... ¿Se refiere en este piso?... ¿En esta calle?... ¿En esta ciudad?

Se produce un silencio hasta que Nicola, pasando la mirada fijamente por cada uno de nosotros dice:

—Me refiero a que no se puede solucionar… en este tiempo. Hay que viajar al pasado para arreglarlo.

CAPÍTULO 19

Jueves, 22 de diciembre de 2016
Hora: 13:05

Sofía

Sigue luciendo el sol y el viento no ha bajado de intensidad. Durante el invierno, en el valle del Ebro, siempre es necesario el abrigo, aunque los rayos de sol hagan pensar que hace calor. Aún tengo en la mente la respuesta de mamá cuando hace cinco minutos la he llamado para decirle que hoy tampoco iré a comer. «Hija, ya son varios días seguidos que no vienes a comer». No he sabido qué decirle. Simplemente le he dicho lo del trabajo con los compañeros de clase y me he despedido. No sé si estoy siendo mala hija, pero esto está empezando a superarnos y quiero estar con mis amigos.

La entrada del instituto está junto a la de un colegio de educación Primaria y, dependiendo de qué hora sea, coincidimos con la salida de los pequeños mientras sus madres y padres les esperan para llevarles a casa. Erik está apoyado con la espalda en la pared y una pierna flexionada donde tiene apoyada su *tablet*.

Mientras esperan la salida de sus hijos, hay un pequeño grupo de madres y padres junto a nosotros que hablan entre ellos sin darse cuenta de que estamos justo a su lado.

—Estoy muy preocupada —le dice una madre a otra—, el domingo mi marido se desmayó a las cuatro de la tarde y no hubo manera de ponerlo en pie. Desde que se repuso, no se puede levantar. Y yo misma, estoy todo el día con una molestia en el oído que me tengo que parar un montón de veces porque noto que me voy a caer.

Uno de los padres, señalando el móvil que lleva en la mano, dice:

—Creo que alguien debería hacer algo. Todos los amigos que tengo en la ciudad han recibido el mismo mensaje en el móvil con eso de «Zaragozasedesploma».

La tercera mujer que había estado escuchando cruza los brazos sobre su cuerpo y les comenta:

—Mi padre dice que es un ataque terrorista químico que ha provocado algún tipo de enfermedad que nos afecta al tímpano.

Las otras no solo no se ríen, sino que gesticulan encogiendo los hombros. El padre que había hablado en segundo lugar, señalando en la pantalla del móvil, interviene de nuevo diciendo:

—Mi esposa y yo entramos en una página web llamada Zaragozasedesploma.com y llegamos hasta el enlace que dice que «Zaragoza se desploma y sabéis lo que hay que hace». No tenemos ni idea de lo que puede ser. Además, está lo del signo ese raro con el rectángulo cruzado, que nadie sabe lo que significa. No sé si todo esto es simplemente una broma… pero lo cierto es que nos estamos desequilibrando. Y eso es real.

La primera madre vuelve a comentar:

—No tengo ni idea de lo que es, pero alguien debería hacer algo…

Las madres y padres continúan hablando.

—¡Hola! —oigo a mi espalda.

Por fin llega Samuel.

—¡Hola!, ¿qué tal? —le respondemos Elsa y yo a la vez.

No se ha cambiado de ropa, viene con el mismo abrigo largo y los bolsillos repletos como siempre. Pero hoy se ha hecho algo diferente. Lo veo raro. Mientras se acerca a David lo miro de nuevo. Elsa me mira llevándose la mano a la cabeza y moviendo la cabeza para que mire a Samuel. Frunzo el ceño porque no entiendo qué me quiere decir. Lo vuelve a hacer de nuevo. ¡Se ha peinado! Es verdad, se ha peinado. Es la primera vez que lo veo así. Sonrío a Elsa y le hago una señal con el pulgar de mi mano derecha hacia arriba. Ella sonríe también.

Samuel se da cuenta de que todos lo estamos observando.

—Siento llegar tarde.

¡Madre mía! ¿Qué pasa hoy! Si hasta se ha disculpado. Aún no se lo había visto hacer. Hoy debe de ser un día especial para él.

—¿Es tu cumpleaños? —le pregunta Elsa.

Está claro que nos leemos el pensamiento.

La cara de Samuel deja ver muy claro que no lo es y que esa pregunta era una tontería para él.

—¿Qué tal si hacemos algo productivo? —dice él mismo mirando a su *tablet*.

Hago el gesto de irnos y nos alejamos para poder hablar sin que nos escuchen los adultos.

Giramos hacia la avenida Goya en dirección al centro y casi me tropiezo con Elsa al girar la esquina. Mientras me incorporo apoyándome un poco en su hombro levanto la visa al frente. Desde que han construido la nueva parada de trenes de cercanías debajo de la avenida, esta parte de la ciudad parece de estilo futurista. Ese tejado elevado de madera con formas redondeadas se parece al de los aeropuertos modernos que han construido en los últimos años. Me gusta porque, entre tanto edificio antiguo, aparece algo nuevo que seguro no deja indiferente a nadie.

Los rayos de sol no calientan, la temperatura es muy baja y no podemos pararnos más veces. Seguimos caminando sin hablar y aprovecho para mirar de reojo a mis amigos.

Erik está hoy especialmente atractivo. Lleva puesto un jersey negro ajustado de cuello alto, pantalón vaquero también ceñido y unas botas marrón claro. Es el único que no lleva abrigo por encima, así que imagino que llevará tres capas más de ropa por dentro. Mientras caminamos por el bulevar de la Gran Vía me da la mano y se la acepto. Esta vez soy yo quien toma la decisión de entrelazar los dedos y no cuesta mucho porque él se ha dejado llevar fácilmente. Le miro, me mira y le sonrió. Me gusta. Cuando el otro día por la tarde tomó el mando en la plaza de La Seo y se puso a organizarnos para posicionar los mapas y dibujos en la calle, me sentí muy orgullosa de él. No lleva ni un año en España y ya domina el idioma tanto que puede hacer que los demás le sigan.

Estamos los cinco caminando a lo ancho del paseo. Dejando libre el carril bici y sin pisar los jardines, casi ocupamos toda la vía. A pesar del frío que hace, muchas son las personas que caminan a lo largo de paseo. Todas con prisa, todas con bufandas y abrigos hasta el cuello. Nos esquivan, no les incomodamos, van a lo suyo. ¡Si supieran realmente lo que está pasando! ¿Debería ser de otra manera? ¿Deberíamos contárselo a todos a voz en grito? Cuando hay un gran problema, ¿tendríamos que ser todos conscientes de él? o ¿es mejor que los otros lo ignoren para que mantengan su estado de felicidad? No sé.

Da igual, hoy nosotros lo sabemos y no podemos estar impasibles.

Después de bastante rato sin decir nada, siento que me toca a mí romper el silencio.

—Tenemos que hacer algo. Creo que solo nosotros, y Nicola, sabemos lo que está pasando y lo que hay que hacer. Además, mañana ya es 23 de diciembre.

—Pero es que yo creo que ese hombre está loco —me interrumpe Erik, y consigue que le mire a la cara como diciendo «veamos porqué me llevas la contraria»—. Lo que nos contó el otro día, no me diréis si no es una solemne tontería. Yo esas cosas solo las veo en los dibujos animados en la tele.

Le suelto la mano.

—Quizá no sea tal tontería… — dice David, se queda callado y veo que observa mi mano.

A mi derecha me ha parecido ver una leve sonrisa en la cara de Samuel. David mira a Erik poniendo ese gesto usual que se pone cuando le llevas la contraria a alguien y, sin hablar, le dices «perdona que te haya llevado la contraria, pero tenía que decirlo». Luego se encoge de hombros, pero Erik mira hacia otro lado. Nos paramos todos en la esquina de la Gran Vía con la plaza Paraíso antes de cruzar el paso de peatones hacia el paseo Independencia. Sin decirnos nada nos hemos aproximado unos a otros formando una especie de círculo.

Está repleto de gente. Debe de estar todo el mundo de esta ciudad pasando por este cruce. Por las fechas que son, todos van caminando deprisa de un sitio a otro llevando bolsas de diferentes tiendas y grandes almacenes. Las luces de Navidad, como otros años, le dan un toque especial al centro y me gusta mucho. Los de los grandes almacenes del paseo Sagasta han vuelto otra vez más a sorprendernos a todos con un espectacular dibujo formado por miles de bombillas de colores. Ocupa toda la fachada de ocho plantas y dibujan un reno que, con la sincronización del encendido de las luces, simula que está corriendo.

Elsa gira la cabeza hacia todos los lados como evitando que alguien escuche lo que va a decir.

Nos mira uno a uno:

—Dijo que había que viajar en el tiempo para encontrar la respuesta. Comentó lo de saltar en un portal y la música. Es lo único que tenemos. Todas esas personas que se están cayendo no tienen esa información.

Me vuelvo hacia atrás desde donde veníamos andando y en el último banco de la derecha, enfrente del edificio de la Facultad de Empresariales, distingo a dos señoras que se han desequilibrado justo cuando pasábamos a su lado. Afortunadamente la tercera está bien y las está atendiendo.

Hay que reconocer que no es normal que cinco jóvenes de dieciséis años estemos discutiendo de portales y viajes en el tiempo. Me siento ridícula. Supongo que, si esto lo plantean mis hermanos pequeños en casa, mamá y yo nos reiríamos un buen rato. Ojalá hubiese sido así, y fueran ellos los que hubieran vivido esto. Estoy segura de que lo comprenderían mucho mejor que yo. ¿Cómo voy a creer en cosas de estas? ¿A mi edad? El problema es que, a la vez, los hechos son los que dijo el hombre en cuanto a lo del diseño de la ciudad. Y, además, está el tema de los romanos.

—Os tengo que confesar una cosa. —Interrumpe Elsa mis pensamientos—: Desde el primer día que en clase nos comentaron el tema de la ciudad sagrada, he estado investigando. —Consigue que todos la miremos callados—. Sabéis que me apasiona la historia, pero nunca os había dicho que me encanta la época de los griegos y los romanos... porque hay una unión que ha permanecido a lo largo de los tiempos: la geometría.

¡Esta chica es una caja de sorpresas!, acaba de conseguir toda mi atención. Y también ha conseguido que los chicos la escuchen porque la forma como lo está contando demuestra que domina el tema. El viento sigue soplando fuerte, hace frío y realmente no apetece mucho estar en la calle, y menos en este sitio tan expuesto, pero ninguno nos queremos mover. La luz del día permite ver todos los detalles del abrigo gris ajustado que lleva. Se la ve muy elegante.

—Según leí ayer en un libro de John Hirst, los verdaderos expertos en geometría fueron los griegos, además de los mejores filósofos de todos los tiempos. Cuando luego llegaron los romanos, al ser expertos en ingeniería, fue más útil para luchar y crear un imperio. Pero en todo lo demás, reconocían que los griegos eran superiores que ellos, y mantuvieron lo que habían aprendido de su cultura...

Un señor se detiene a nuestro lado. Elsa se da cuenta y se calla. Hasta que no se va, no continúa. No sé por qué se ha parado. Veo que se aleja. Me vuelvo para escuchar de nuevo a Elsa.

—... Un miembro de la élite romana podía hablar griego y latín, lengua de los romanos. Incluso enviaban a sus hijos a la universidad a Grecia o contrataban a un griego para que les enseñara en casa. Es decir, todo lo que estamos viendo de geometría en la ciudad, en el fondo viene de los griegos. Y es la mejor forma de ver lo inteligentes que eran. Aunque de geometría Sofía nos podrá decir más...

Me mira y asiento, mientras, con la mano le hago señas para que siga con su parte de la historia. No voy a confesar que no tenía ni idea de lo que estaba hablando, cuando se supone que yo soy la experta en geometría.

—Veían la geometría como una guía de la naturaleza fundamental del universo. Una de las explicaciones a la propia naturaleza es que esta permanece por el equilibrio de los cuatro elementos: agua, tierra, fuego y aire. Fue una las teorías que más se extendió entre los romanos.

Vuelve a acercarse el mismo señor de antes. Erik se ha dado cuenta y le hace un gesto a Elsa para que pare. Nos sobrepasa y se va al lado contrario del paseo. Parece que está esperando a alguien porque no hace más que mirar al reloj y caminar a un lado y a otro…

Elsa se gira para mirarlo y cuando comprueba que está lejos, continúa:

—… Así que, si los romanos querían hacer una ciudad sagrada, necesitaban que tuviera unas formas geométricas exactas, y sobre todo necesitaban alinear eso con los cuatro elementos de la naturaleza. Al principio, cuando lo contaron en clase, me pareció una tontería, pero luego estuve leyéndome en casa algunos libros y encontré algo que no me esperaba.

Se para y nos mira a todos. Noto cómo Erik me pone el brazo por encima del hombro, pero casi no lo siento porque estoy totalmente absorbida en la historia. Me parece increíble todo lo que está contando Elsa y sobre todo que lo haya averiguado después de la clase del otro día. Me ha tendido la mano con lo de la geometría para que lo comente, pero todavía no les puedo decir lo que sé. Porque desde que hemos empezado con esta especie de aventura, casi todas las pistas me han surgido mirando los papeles que dejó papá encima de su mesa y que mi madre no quiere retirar. Anoche empecé a unir temas geométricos con la historia que nos contó Nicola y me parece que encontré algo, pero aún no lo puedo decir, quiero confirmarlo de nuevo.

En ese momento, David la interrumpe:

—Me gustaría tener mucha más información para poder tomar una decisión, pero lo siento mucho, ahora me tengo que ir un rato a casa porque le prometí a mi madre que le echaría una mano con un tema. Si decidís, aceptaré lo que acuerde la mayoría, incluso si es seguir adelante con lo que dijo Nicola. Supongo que como a vosotros, todo esto os parece una locura, pero lo que está pasando en la ciudad es una locura aún mayor.

Se gira y señala las señoras que están desmayadas en el banco del paseo.

—Creo —continúa David— que somos los únicos que sabemos lo que pasa y tenemos la responsabilidad de tomar una decisión. La fecha es mañana y vamos muy justos de tiempo. Si os parece quedamos hoy a última hora y seguimos...

Casi no consigue acabar su frase cuando Erik nos sorprende a todos hablando en un tono de voz más alto. Si no fuera porque estoy saliendo con él, pensaría que está gritando.

—¡Todo esto es una tontería! Seamos serios, este hombre está loco y nosotros nos lo estamos creyendo.

Le retiro la mano del hombro y, sin mirarle a la cara, digo:

—¡Quizá no es tan tontería!

Me han enseñado a ser muy educada en todo momento, especialmente cuando hay conflicto en los grupos. En este caso estoy haciendo un esfuerzo mayor para no acabar diciendo algún improperio y gritarle. ¡Contente, Sofía! ¡Contente!

El resto me mira esperando que continúe. No estoy preparada para contar todo lo que he averiguado en los últimos días. No quiero que piensen que estoy loca y necesito más tiempo para confirmar la información. Así que voy a contar parte de lo que se:

—Desde que mi padre desapareció —comienzo mientras rebusco en mi mochila—, mi madre sigue comprando libros de historia de Zaragoza. No sé si será coincidencia o no, pero hace unos días, llegó a casa con este libro. —Saco de la mochila que llevo el libro y leo la portada—: *Antiguas Puertas de Zaragoza,* de Raquel Cuartero y Chusé Bolea.

Dejo que lo hojeen durante unos segundos y muestro los diferentes capítulos. El principal objetivo de los autores fue mostrar las diferentes puertas que tiene la ciudad y, a través de la historia, descubrir el papel que han jugado cada una de ellas. Recuerdo que cuando me lo mostró mi madre, lo empecé a leer inmediatamente y en una tarde me lo había terminado.

—¡Mirad!, en este capítulo hablan de la Puerta de Valencia, es decir la Puerta Este, que construyeron los romanos. En las excavaciones de principios de siglo pasado encontraron un sillar con una inscripción. Fijaos.

Al acercarse al libro pueden ver una foto de cómo era antes de ser destruida la puerta de Valencia y que claramente se veía la iglesia de la Magdalena detrás de la propia puerta. La foto sería de mediados del siglo XX y lo que yo les estoy señalando en este momento es la foto de debajo de esta. En ella se ve un trozo de sillar romano. Un bloque de piedra cuadrangular donde una de las caras tiene una división vertical en dos mitades. La mitad derecha no se distingue nada claro, más bien se vislumbra que hubo algo esculpido pero está destruido y solo se aprecia el propio relieve de las marcas que la hicieron desaparecer. Pero, en la parte izquierda, se ven cinco líneas de letras escritas. Hay algunas letras muy claras, pero en la tercera fila se nota que alguien ha hecho marcas para que no se puedan distinguir bien.

Si uno se detiene en la explicación que dan los autores del libro, estos mencionan una posible interpretación de las letras y su traducción al castellano:

PORTA ROMANA QUI FACIUN(T) TE LA(RES CE)DANT

—Puerta romana, los que te hacen que regresen a su patria —leo en voz alta.

Miro las caras y todos, menos Erik, se sorprenden.

—Este sillar —comienzo diciendo— es el que yo estaba observando en el museo cuando vino la guía a entregarme el papel.

Samuel acaba de levantar la cabeza y no deja de mirarme. Elsa y David me observan como si se les hubiera aparecido un fantasma y, justo en ese momento, Erik nos sorprende con voz enfadada y esta vez con un marcado acento extranjero que no ha podido evitar:

—¡Ya está bien, basta de tonterías!

CAPÍTULO 20

Jueves, 22 de diciembre de 2016
Hora: 14:00

David

Desde que era pequeño, nuestra madre nos ha enseñado que en esta vida hay que tomar decisiones. Es muy importante tener toda la información necesaria para tomar la apropiada, pero, como ella decía: «Si hay que elegir entre esperar años para tener la información completa, quizá sea mejor tomar la decisión con la información que tengas hoy». Siempre he tratado de seguir ese consejo. Pero siempre he preferido esperar a tener todos los datos antes de actuar. Con todo este asunto, quiero que hagamos lo mismo, que nos lo tomemos con calma. No podemos correr, hay que ir poco a poco.

Nicola nos sorprendió el otro día con lo de la perseverancia de los que viven en esta ciudad. Lo entiendo como la capacidad para seguir siempre adelante, aunque se fracase o algo salga mal. En el fondo... es lo que me gusta. No por el mero hecho de tomar la decisión, sino sobre todo por ver el resultado. Pero para tomar decisiones hay que ser prudentes y estar muy seguros antes de dar el primer paso. Me gusta ser práctico... pero con información.

Precisamente por eso estoy empezando a estar a disgusto con esta situación. Tenemos mucha información para decidir, pero no estoy seguro de si la tenemos toda. Lo que nos ha dicho Nicola, los planos, la historia que comenta Elsa y ahora lo que acaba de sacar Sofía de la piedra de la puerta este. Está claro que parece una locura. Pero la gente se está desequilibrando y cayendo, y no saben por qué. Podríamos estar horas, días e incluso años para conseguir más información, pero ¿cuándo parar y hacer algo?

Y ahora viene este con una salida de tono enorme y dice que se va. ¡Pues que se vaya! Aunque el que se tendría que ir soy yo porque tendré un problema con mi madre si no llego a la hora que le dije.

Elsa y yo nos miramos a la cara y no sabemos qué hacer. Sofía hace lo propio con Erik. Su cara es la viva representación del odio en este momento. Está colorada, ha vuelto a poner ese gesto suyo característico de tener los ojos entrecerrados y los labios apretados. Desde aquí puedo apreciar cómo la piel de su cara se mueve como si de un mar de olas se tratara.

Es evidente que se han distanciado, aunque eso no me parezca tan mal. Erik mira hacia todos los lados menos a Sofía. Se ha metido las manos en los bolsillos del pantalón y se encoge de hombros. Mis ojos se encuentran con los suyos. No está a gusto. Esto va a estallar… y yo no siento pena.

Busco la mirada de Samuel y, como siempre, no la encuentro. Qué tipo tan raro, en mitad de una discusión entre los compañeros, se pone a escribir no sé qué en la *tablet* que lleva. El primer día que lo vi, pensaba que se refugiaba en el aparato para jugar a alguna chorrada de esas de frikis, pero cuando le miré sin que se diera cuenta un rato después, vi que estaba escribiendo con una de esas aplicaciones que lo que dibujas con el dedo sobre la pantalla luego lo pasa a letras. Cuando lo descubrí me dije a mí mismo que no me importaba lo que hacía. La verdad, después de lo que sucedió en la heladería tengo curiosidad por saber todo lo que hace. Especialmente en este instante que es la primera vez que se monta semejante follón.

—Es increíble —dice Elsa para tratar de arreglar la situación—. Cuesta creerlo, pero está totalmente alineado con lo del portal que nos ha dicho Nicola. No sé quién lo escribió ni por qué, pero desde luego es impresionante la coincidencia: una puerta que se usa para viajar a Roma. —Hace señales con los dedos como si pusiera comillas en la palabra—. Para viajar… en el tiempo. —Y repite la señal de las comillas.

Erik da un paso para atrás, como alejándose del grupo. Esto se pone más interesante por momentos. No sé si le ha molestado más que Sofía le quitara el brazo del hombro o que le haya llevado la contraria. En fin, estas cosas suceden. Evito que se me vea en la cara lo que siento por dentro. Está realmente enfadado, nunca lo había visto así.

—¡Me parece que los que estáis locos sois vosotros! —dice seriamente, mirándonos a todos menos a Sofía; está gritando—. Todo esto es irreal y no estoy dispuesto a seguir este juego. Me voy a mi casa, haced lo que os dé la gana.

¡No me lo puedo creer! La cara de Sofía es de cuadro, se ha quedado absolutamente petrificada por la violencia de su respuesta y lo fuera de lugar de la reacción. Podría haber esperado a que Elsa acabara, o no haber dicho nada y luego después decirle solo a ella, aparte, que no quería seguir con esto. Pero ha elegido montar una escena. No le veo sentido. Soy incapaz de decir nada y tanto Elsa como yo los miramos a los dos. Qué situación. Cada uno con la vista puesta en un sitio. No sé qué decir.

Por fin Elsa rompe el silencio:

—Pero no te puedes ir. —Se queda callada un momento—. Nicola dijo que el salto tiene que ser el día 23, o sea, mañana al amanecer.

Una ráfaga de viento hace que todos movamos la cara y dejemos de mirarnos por un momento.

—¡Ya está bien de tonterías! —dice Erik, elevando el tono de voz.

Todos lo miramos. Él gira la cabeza, se aleja del grupo por el paso Pamplona hacia la Puerta del Carmen. No se ha dirigido a Sofía en ningún momento. Ella no para de mirarlo. No puedo decir que todo esto me desagrade.

Se producen unos instantes de silencio mientras Erik se aleja.

—¡Pues vete! —le grita Sofía sin que Erik pueda oírlo, ya que se ha perdido entre la muchedumbre que está cruzando el semáforo.

Ha conseguido que todos la miremos. Incluso Samuel, ha dejado su *tablet* por un momento y es la primera vez que le veo abrir tanto los ojos y elevar las cejas. ¿Qué estará pensando?

Las dos señoras que pasan a nuestro lado con sus abrigos caros de piel observan la escena y, con cara de desprecio, giran la cabeza. El señor que habíamos visto antes acercándose a nosotros se detiene, dirige la vista hacia donde se ha ido Erik y se pone a caminar también hacia la Puerta del Carmen. ¡Qué raro!

Miro a Elsa buscando con la mirada la decisión del siguiente paso. No me creo lo que estoy viendo. Aunque espero que Elsa no haya notado la leve sonrisa en mi rostro cuando se ha marchado Erik.

—¿Sabéis quién era ese? —Me desconcierta Elsa con la pregunta.

Está mirando hacia lo lejos, hacia donde se ha ido Erik. Como ve que ninguno le contestamos, se gira y añade:

—Mientras estábamos hablando aquí de pie me ha parecido que nos estaba escuchando, casi espiando. Cuando se ha alejado dos veces, no le he dado más importancia. —Se queda un momento en silencio—. Pero ahora que he visto que ha seguido detrás de Erik, cuando se ha girado por última vez hacia nosotros, le he identificado…

Un grupo de chicos nos empujan. Van corriendo a la parada del tranvía y están haciendo lo posible por no perder el siguiente. Tengo que sujetar un poco a Elsa para que no se caiga. Vemos cómo corren hasta que consiguen subirse al vagón.

Nos volvemos de nuevo a Elsa y supongo que se siente muy observada por nosotros:

—… Era el guarda del museo que me agarró del brazo al salir.

¡Toma! Esto es cada vez más fuerte.

Miro de reojo y veo que Samuel vuelve a mirar su *tablet,* aunque esta vez le adivino una sonrisa pícara en su cara. No entiendo nada.

—¡Pero que se habrá creído este!… si nos trata como idiotas. —Sofía ha ignorado lo que ha comentado Elsa y no deja de mirar en dirección a donde se ha ido su novio.

Noto que Elsa va a tratar de decir algo, supongo que para calmar el momento.

—Y ahora, ¿qué hacemos?

Pues menuda intervención. Parece que a ninguno le ha sorprendido que nos están siguiendo. Y ¿si al final va a tener razón la señora de la heladería y esto es peligroso?

Veo que Sofía sigue enfadada. Se vuelve hacia nosotros y, sin esperármelo, sirve para que se tranquilice. Me mira, mira a Elsa y luego a Samuel. Este ha apartado la pantalla de su aparato y tiene sus ojos clavados en los de ella. Veo cómo su cara se transforma. Debe de estar muerta de vergüenza por dentro por el grito que ha dado en mitad de la calle, con lo supereducada que es siempre. Se ha puesto colorada.

Tras un leve silencio, y mientras mira al suelo, Sofía nos dice:

—Yo, por de pronto, me voy a mi casa—. Y se aleja caminando de vuelta por la Gran Vía, de nuevo hacia la avenida Goya.

—Pues yo también —dice Samuel y se va recto hacia el lado contrario, por el paseo Independencia.

Este chico es impredecible. No sé si algún día entenderé alguna cosa de lo que hace.

Miro a Elsa y veo que también tiene la misma cara de desilusión que se me ha debido de quedar a mí. Somos casi de la misma estatura, pero hoy se ha puesto unos zapatos algo elevados y tengo que mirarla hacia arriba. La conozco también desde hace años y es la primera vez que estoy a solas con ella. Sé que tiene dos hermanos. Sé de dónde son sus padres y me doy cuenta de que no sé nada más de ella. Por un momento me fijo en que hay mucha más gente en clase con la que me puede pasar lo mismo. Compartir muchos años en un colegio o cualquier sitio y no saber nada de ellos, solo la información básica. En este caso no tiene sentido porque llevamos desde el principio de curso juntos en clase. Ahora que lo pienso, nos llevamos muy bien, pero nunca hablamos de otra cosa que no sea de los temas de los estudios.

Hoy he descubierto algo en ella que no había visto antes. Ha intentado pacificar los dos momentos de conflicto que hemos tenido tratando de no posicionarse y proponiendo cosas diferentes. Solo recuerdo que hubo un momento en clase el año pasado que ocurrió algo parecido y ella también trató de poner un poco de paz de una manera que casi no se notaba, pero que fue muy efectiva. Tiene un estilo que no se nota y que a la vez pasa a ser imprescindible cuando se producen esos momentos.

Creo que la he mirado demasiado rato, porque acaba de desviar la cara hacia otro lado.

—Perdona Elsa —empiezo diciendo en señal de disculpa—. Te estaba mirando —continúo mintiendo— tratando de recordar lo que nos has contado antes y dónde te habías quedado. Ibas a decir algo que para ti era importante.

Veo que se ha relajado y me sonríe.

—Has dicho que tenías prisa y que tenías que ir con tu madre... —me contesta; me quedo un poco confundido—... te acompaño, que tengo que ir en esa dirección. —Acaba ella la frase y me quedo más tranquilo.

Enfilamos el paseo Sagasta hacia arriba sin decir nada porque ella sabe que vivo en el barrio de Torrero.

Es complicado andar y hablar un día de mucho viento en esta ciudad porque casi no te escuchas. Pero cuando la que habla lo hace tan claro y con tanta pasión, los inconvenientes se hacen muy pequeños. Me sigue impresionando esta chica, no solo por lo que sabe, sino también por cómo lo cuenta.

Hoy, además, está especialmente guapa.

—Lo que iba a contaros antes —continúa Elsa mientras caminamos— estaba relacionado con algo que he visto que hay en común entre lo que nos explicó la profesora en clase y lo que dijo Nicola. Y es el concepto del equilibrio.

Deja de hablar porque justo en ese momento la señora que pasa a nuestro lado se queda medio parada y parece que nos quiere escuchar. La miro a la cara. La he visto antes, pero no sé dónde. Se da cuenta que la miro. Sigue de pie. Como hay mucha gente por la calle, parece una persona más.

Le hago una señal a Elsa para pararnos en el escaparate de la tienda que hay a nuestra derecha. Ella se extraña, frunciendo el ceño. Elevo las cejas y abro los ojos mientras señalo con la cabeza a la señora que nos trataba de escuchar. Ella me sonríe, asiente, pero noto que con su cabeza me invita a que mire a mi derecha.

Al hacerlo entiendo la cara de Elsa. Elegir mirar una tienda de lencería de mujer para despistar a una fisgona, no es la mejor opción. Sonrío yo también y, como la mujer ya se ha ido, me coge del brazo y seguimos andando en medio de este viento fuerte y congelador. Cualquiera que nos viera pensaría que somos novios. Pero solo pienso en Sofía.

—Todo esto me parece maravilloso. —Como si no hubiese ocurrido nada, Elsa continúa con su conversación mientras seguimos andando por la acera—: Porque yo, aparte de mi afición a la historia, soy libra, y supongo que será una tontería, pero siempre me he sentido en busca de ese equilibrio. Cuando en pocos días seguidos he oído eso y analizo la historia de la ciudad, puedo estar de acuerdo con lo que dijo Nicola de que se está rompiendo.

Se vuelve a parar porque el semáforo que vamos a cruzar está lleno de gente y entre los dos estamos creando esa sensación de misterio que parece que necesitemos ocultarnos de todos.

Una vez en el otro lado de la calle, con el edificio de la Confederación Hidrográfica del Ebro a nuestra derecha y sin gente al lado, Elsa continúa hablando. Es fascinante cuando alguien te cuenta algo con tanta pasión.

—Uno de los temas más importantes de la historia de esta ciudad que ha despertado gran interés es la capacidad para que varias religiones y culturas hayan podido convivir pacíficamente a lo largo de los años y tras tantas guerras e invasiones. Siempre me ha sorprendido ese, digamos, equilibrio, entre cristianos, musulmanes y judíos.

¡Qué curioso! Justo hace unos días hablábamos de eso en casa. Esto es lo opuesto a la película de *Oh! Jerusalén* que vimos con mi madre hace un par de semanas. Es lo opuesto al equilibrio, desde los tiempos más antiguos siempre han estado en disputa las diferentes religiones. Reconozco que no lo entiendo muy bien, pero siempre se oye algo en la radio o en la tele.

—Cuando el otro día Nicola comentó el equilibrio —continúa Elsa— y lo relacionó con los romanos, estuve luego en casa indagando sobre la época en la que se fundó la ciudad en el libro que os dije el otro día de John Hirst.

Saca de su mochila el libro, mientras camina y me enseña la cubierta.

—Como ya todos nos han contado, fue el emperador Augusto quien lo hizo. Y encontré información que no sabía.

Se para justo al lado del banco del paseo donde estamos. Se sienta y me indica que lo haga a su lado.

—Cuando Bruto asesinó a Julio César para evitar que hubiera un solo hombre gobernando la República, se originó una guerra civil. En todo ese lío apareció un hombre victorioso, que era sobrino nieto de Julio César y lo había adoptado como hijo, quien en el año 27 a. C. se proclamó asimismo primer emperador de Roma.

Se calla un momento. Me mira a los ojos mientras una sonrisa pícara se le dibuja en la cara.

—Era un hombre muy astuto, mantuvo las instituciones republicanas.

Me hace gracia su expresión. Es una mezcla de seriedad y de sonrisa cómplice. Supongo que ahora me va a decir algo que para ella debe ser clave en todo este embrollo.

—De hecho, evitó que lo llamaran «emperador» sino solamente «primer ciudadano». Augusto veía su trabajo como una clase de facilitador, o eso es lo que pretendía que los demás creyeran, que él solo ayudaba a que la máquina trabajara apropiadamente.

Supongo que en cualquier otro momento todo esto no me habría interesado, pero como hace dos años celebraron en la ciudad el dos mil aniversario de la muerte del emperador

Augusto, tuvimos que estudiarlo en clase. Se me quedaron varias cosas interesantes en la memoria. Tengo que reconocer que no había llegado a escuchar esta parte de la historia.

—Pero lo que a mí más me ha impresionado de ese hombre es...

Justo en este momento me suena el móvil. Lo busco en el bolsillo del abrigo. Lo cojo. Elsa se calla y espera a ver qué hago. En la pantalla está el número de mi casa. ¡Oh Dios! ¡Qué bronca me va a echar mi madre! Le enseño la pantalla a Elsa y mirándola con los hombros encogidos le doy a entender que me voy a tener que ir en breve.

—Hola mamá, ya voy a casa. —Es lo primero que digo al atender la llamada.

Pero en este momento, la expresión de mi cara cambia tanto que Elsa me mira preocupada. Solo escucho, no puedo creer lo que estoy oyendo. Es una mezcla de impotencia, enfado y miedo. Termino la llamada. Elsa me mira fijamente. La miro, como no he mirado nunca a una persona antes. Mis ojos se quedan clavados en los suyos mientras le digo:

—Era mi hermano pequeño. Mi madre se acaba de desmayar en casa.

CAPÍTULO 21

Sofía

—¿Eres tú, hija?

Escucho la voz desde la cocina mientras cierro la puerta tras de mí y arrojo como siempre las llaves dentro del primer cajón del mueble que tenemos a la entrada del piso.

—Sí, mamá, ya he llegado —le respondo.

—¡Qué pronto! Te esperaba más tarde. —Oigo desde la distancia.

No se escucha más sonido en casa.

Me miro en el espejo de la entrada.

Veo mi imagen reflejada mientras pienso en lo que acaba de ocurrir en la última media hora. Tras dejar a mis compañeros, vine andando rápidamente hacia casa. Nunca lo había hecho antes así, nunca había caminado tan rápido, tan contrariada, sin prestar atención a nadie.

Es una de mis costumbres cuando camino por la calle, me gusta mirar a la cara de la gente y hacia arriba. Hace un tiempo un amigo me había dicho que la gente que vive en esta ciudad parece que camina encorvada y mirando al suelo. Realmente lo decía por el fuerte viento que hay en la ciudad, como si fuera un chiste, pero yo lo entendí de otra manera. Y comencé a fijarme en la manera en que caminaba la gente, y me di cuenta de que muchos solo miran al suelo y, desde luego, muy pocos lo hacen hacia arriba, hacia la parte alta de los árboles o de los edificios. «Solo lo hacen los turistas», pensé el día que lo escuché. Por eso me empeñé desde entonces en no perderme ningún detalle de la realidad y mirar, observar, todo lo que me rodeaba.

Había llegado a encontrar cosas muy singulares en los edificios.

La última fue la veleta de la que Nicola nos había informado.

He pasado por la calle Don Jaime muchas veces, pero solo desde el encuentro con el hombre, miro arriba y la veo orientarse con el viento. Desde luego ahora es algo misterioso después de todo lo que he oído.

Pero hoy he roto mi compromiso personal y no he mirado a nadie.

He caminado directa a casa.

He estado varios minutos fuera de la puerta hasta que por fin la he abierto, no sabía qué excusa dar a mamá por haber llegado tan pronto. En los últimos días, la había convencido que llegaría tarde durante el resto de la semana por el trabajo de historia con los compañeros. Pero he entrado en casa sin la excusa preparada.

Vuelvo a sentir el silencio.

Menos mal, no viene a preguntarme nada. Mejor, así no tendré que mentir.

Me miro en el espejo desde la cabeza hasta abajo.

He cambiado. Hacía tiempo que no me fijaba tanto en mí misma. Ya no soy una niña. He cambiado incluso en la forma de comportarme. Mis padres me han educado con un estilo muy rígido, siempre había que cumplir las normas, los horarios. Creo que en mi casa nunca se ha roto una regla. Además, nos han enseñado a comportarnos cuidando mucho los modales, las formas, las palabras, hablando poco. «Si no tienes nada que decir, mejor no abras la boca», decía siempre papá. «… Y, si lo haces, que sea de forma elegante», terminaba la frase después de aguantar un silencio.

Una elegancia que parecía una finura casi excesiva. Me doy cuenta de que mis amigos a veces se burlan de cómo digo las cosas y no me gusta. Lo cierto es que quiero revelarme. Quiero cambiar… O quiero que los demás cambien... No… no lo sé.

El problema es que todo está cambiando demasiado deprisa ahí afuera y no sé si estoy preparada para esa transformación. Me gusta tomar decisiones rápidas y seguir adelante, pero en este momento, con lo de Nicola, siento que nos falta información.

Bajo la vista. Me siento fría, helada de repente.

¡Eh! ¿Qué es esto?

Lo que estoy viendo me acaba de tocar como un puñal en el pecho. Es algo que ya había pasado a ser costumbre en la casa, pero no me había preguntado el motivo.

Debajo del espejo, mis padres habían colocado desde el principio un pequeño mueble con cajones y en la parte de arriba lo tenían para colocar algunos pequeños adornos. Había uno que siempre había estado y era una frase de bienvenida que les regalaron cuando se casaron. Estaba dibujado en cerámica de un pueblo cercano, y pegado en un pequeño pedestal de madera para que estuviera de pie y se viera al entrar. Dos días antes de que desapareciera, papá trajo una representación cerámica del yin-yang en forma de dos platos de cerámica, uno blanco y otro negro, con esa forma de medio circulo cóncava en un extremo y convexa en el otro, por el cual uno penetra en el otro, formando entre los dos un único círculo.

Hasta hoy no me había fijado como el primer día porque recuerdo que, cuando lo puso allí, solamente dijo: «Esta será nuestra representación del equilibrio». Y ahora, durante varios días, no oigo más que hablar de esa palabra en esta ciudad.

No puedo dejar de mirar la figura, algo está pasando por mi cabeza, algo muy raro. Me siento mal, me estoy encontrando mareada. Me apoyo en el mueble y miro otra vez al yin-yang. Me pongo firme de nuevo y voy corriendo al cuarto donde está el antiguo despacho de papá. Entro a toda prisa, la mente me va a mil por hora, no siento las piernas, solo las muevo lo más rápido que puedo. Enciendo la luz, giro hacia la derecha sin mirar, casi tropiezo con la cartera que papá había dejado apoyada en el suelo contra la pared.

Voy directa a la mesa y me freno. Ahí está.

Cada vez que entro a esta habitación no dejo de mirarla. Es como si hubiera construido mi refugio de nostalgia a papá en la foto que tengo en las manos. El problema es que siempre me pasa lo mismo, no lo puedo evitar.

Me seco las lágrimas con la mano izquierda, pero no dejo de mirarla.

Es una foto que me gusta mucho, pero desde que no está, ha pasado a ser casi necesidad el mirarla. Se le ve feliz, sin corbata ni traje como lo solía ver yo para ir a dar clases a la universidad. Aquí parece directamente sacado de una película de Indiana Jones, el mismo color de ropa *beige,* pantalones, camisa y cazadora. Podría decir que es algo más moderno que el de la película porque las botas son de esas típicas de *trekking* actuales para montaña y nunca llevaba sombrero, prefería llevar un pañuelo rojo puesto en la cabeza de tal manera que el trozo de tela que colgaba por detrás le protegía el cuello del sol. El aspecto más peculiar se lo daban las gafas de sol que siempre llevaba, eran unas de esas redondas con protecciones de cuero a los lados como las que se usaban para subir al Himalaya. Lo que me pasa es que para mí era Indi. Papá era Indiana Jones para mí.

Me tengo que limpiar las lágrimas de nuevo. Muchos recuerdos se acumulan en mi mente.

¡Qué bueno es ver a alguien haciendo lo que le hace feliz! También dar clase en la ciudad le gustaba, pero en esta foto estaba radiante. Él era feliz, y en esta foto lo demostraba, especialmente porque se había entrelazado los brazos por los hombros con mamá, dando muestra del equipo que hacían. Ella estaba guapísima en la foto.

La figura de mamá a los ojos de cualquiera es la de una persona de mediana estatura, de piel morena por el sol y de complexión deportista. Siempre nos ha dicho que su trabajo de arqueóloga le requería unas grandes caminatas a sitios lejanos y, a veces, cuando se entretenía más de la cuenta con algún hallazgo, le llegaba a escasear la comida y tenía incluso que dormir al aire libre donde estuviera.

Hasta el año pasado, los tres hermanos pasábamos largos momentos, tan solo escuchando a papá y a mamá contarnos algunas de sus aventuras. La combinación era perfecta, aunque un poco rara. Papá, típico historiador de universidad, ya con poco pelo y siempre con sus gafas pequeñas y redondas. Por su aspecto nunca se imaginaría uno en los sitios que había llegado a estar. Menos mal que yo tenía esta foto para ver la otra cara de la moneda. Mamá, arqueóloga de terreno, tenía continuas «salidas de campo» (como decía ella) que la hacían estar una o dos semanas fuera de casa. En muy pocas ocasiones habían llegado a ir juntos. La de la foto que tengo delante fue la última.

A día de hoy llevaba más de un año sin salir. Justo el tiempo que hace que papá nos dejó.

¡Uy! Casi se me cae la foto. Me he debido de distraer.

¿Qué es eso?

Hay algo que nunca me había fijado en la parte inferior izquierda.

Claro, siempre pongo mi dedo pulgar ahí y no podía verlo. Es raro, porque, aunque no lo distingo bien, me resulta familiar. Papá en la foto tiene su brazo izquierdo sobre los hombros de mamá. Lo que nunca me había fijado era que en la mano derecha que tiene estirada hacia abajo hay algo. Lo tiene agarrado con la mano cerrada, pero sobresale la parte de arriba. Es una pequeña estatuilla y se ve la cabeza… ¡Madre mía!

Quiero estar segura. ¿Dónde la tiene?

Rebusco por los papeles de la mesa. Está todo igual de desordenado que cuando estaba aquí. Papeles por todos los sitios.

Aquí. ¡La tengo!

Me aproximo a la foto todo lo que puedo y con la lupa de papá trato de distinguir lo que tiene en la mano. Sí, lo es. Es una figura pequeña de una cabeza con dos caras como la que vimos a la entrada de la casa de Nicola. ¡No me lo puedo creer!

Oigo mis latidos y mi respiración se acelera, toda la información que hemos ido consiguiendo estos días está dando vueltas a mi alrededor. Todo está ahí pero no veo las conexiones. ¿Cómo es posible todo esto? No creo en las casualidades.

Rápidamente me giro y cojo del suelo la cartera de papá que mamá no ha querido mover nunca de ahí.

Es de piel marrón oscuro y está bastante desgastada porque la llevaba a todos los sitios. Siempre que he entrado a este cuarto he sabido que estaba allí, pero nunca la he tocado antes de este momento. Estoy segura de que mamá se enfadará... ¡me da igual! Esto se está acelerando por momentos y no puedo parar.

Con cuidado la pongo encima de la mesa sobre todos los libros y documentos desordenados. Lentamente saco uno a uno los papeles y fotos que tiene en el único espacio para guardar cosas. Por dentro está limpia y ordenada. Nada que ver con lo que hay encima de la mesa.

Lo que veo me está dejando petrificada y prefiero sentarme.

Me echo para atrás en la silla y... ¡ay! Me caigo, me caigo, no consigo agarrarme a nada.

¡Arg!

¡Joder, qué golpe! Esta silla es una mierda, me he desequilibrado sin casi moverme, me he caído y con la silla encima ¡Mierda! Me parece que he roto todo el silencio que había en casa.

Retiro la silla, sigo sentada en el suelo, estiro las piernas y me quedo con la cartera. Lo que me había impresionado antes lo tengo sobre mis piernas.

Hay dos libros, una hoja con una serie de números y dos fotos. Mientras los recojo, los reviso.

Los libros son versiones originales en inglés. Hay un libro de titulado *Sacred Geometry,* de un tal Robert Lawlor, y otro más pequeño que parece de lo mismo titulado *Golden Section* y, según traduzco de la cubierta, se refiere al «Secreto más grande de la Naturaleza», el autor es un tal Scott Olsen. La hoja suelta es blanca y solo tiene una sucesión de números escrita en ella que no entiendo:

0, 1, 1, 2, 3, 5, 8, 13, 21, 34, 55...

Pero lo más impresionante para mí son las fotos. En una se puede ver una figurita de la cabeza de con las dos caras. Debe ser la que papá lleva en la mano en la foto de la mesa.

Y la otra…

¡No puedes ser!

Ha conseguido que se me haga un nudo en la garganta: es la foto del sillar que se descubrió en la Puerta Este de la ciudad de Zaragoza. En menos de una semana la he visto, con esta, tres veces.

Mi mente está realmente viajando por cada uno de los momentos de estos últimos días, recordando cada instante que vi esas dos imágenes y no encuentro conexión alguna. Me levanto.

—¿Estás bien, Sofía?

Veo a mamá de pie en la puerta, agitada de la carrera que ha debido darse al oír todo el ruido que he hecho.

Con la cabeza hago una señal para tratar de decir que sí, pero sabiendo que lo que viene ahora no me va a gustar, por la cara que pone al ver el desorden que he provocado.

—¿Qué estás haciendo aquí? —Su tono ha cambiado agresivamente y me mira a los ojos, enfadada.

Pocas veces la he visto así, pero cuando lo hace es mejor no estar cerca.

En este momento, esa persona de mediana estatura ha perdido toda la dulzura que había tenido durante este último año. Está realmente enfadada, pero no lo entiendo, porque nunca nos ha prohibido entrar al cuarto tras el fallecimiento de papá. Lo único diferente que he hecho ha sido simplemente abrir su cartera de documentos.

—¡Joder, mamá! Me he caído y solo te ocurre echarme la bronca.

Se produce un silencio entre las dos que casi se podría cortar con un cuchillo. Ni yo me creo lo que he dicho. No solo es la primera vez que he dicho una palabrota en casa, sino también la primera que he contestado a alguno de mis padres.

Voy a tratar de suavizar la situación.

—Quería ver de nuevo la foto de la mesa y… —Mientras le contesto me doy cuenta de que no va a ser suficiente para que se calme—: ¡Y me he caído, mamá! —acabo gritando.

Con violencia me quita los libros, las fotos y la hoja de las manos. No dice nada y las vuelve a meter en la cartera. Como si supiera de memoria cómo estaba situada, la vuelve a colocar exactamente en el sitio donde estaba cuando me caí. No dejo de mirarla, porque no estoy entendiendo nada de lo que pasa.

Me levanto, estoy enfrente de ella. Ahora somos de la misma altura, pero su autoridad no depende de los centímetros.

—¡Nunca en tu vida me has tratado peor que lo que acabas de hacer! Si estuviera tu padre… —En ese momento se calla y mira detrás de mí en dirección a su mesa de despacho—. ¡Ahora, sal, no quiero que estés hoy aquí! —me dice y, sin mirarme, me empuja hacia la salida del cuarto.

Mientras me estoy yendo vuelvo la vista atrás tratando de encontrar respuestas con la mirada, y ahí, a lo lejos, lo encuentro: el signo del rectángulo con las líneas cruzadas sobre un círculo más grande. Pero no estaba sobre la mesa. Ya no sé si mi corazón hoy va a poder aguantar tantas emociones: es el póster pequeño que hay colgado en la pared en la parte de enfrente de la mesa. No puede ser, nunca me había fijado y había estado justo delante de mis narices en todo momento.

Es decir, papá estuvo trabajando a menos de un metro del signo que me habían entregado en un papel arrugado en el museo, que había visto en la página web nueva y que Nicola tenía por todas partes en su casa.

Cuando las dos hemos salido del cuarto. Me giro hacia mamá y le pregunto:

—¿En qué estaba trabajando papá antes de morir?

Creo que nunca en mi vida olvidaré la expresión de mamá. Toda su cara, sus pómulos huesudos, sus ojos verdes y esa sonrisa tan bonita que tenía mostrando unos dientes brillantemente cuidados desde niña, se acaban de transformar. Al principio he pensado que mostraba enfado e ira, pero al mirarla fijamente a los ojos me doy cuenta de que es una expresión de miedo.

Ella tampoco me retira la mirada y yo me estoy sintiendo muy incómoda. No sé qué decir. Se ha debido de dar cuenta de que me estoy empezando a asustar y rápidamente hace esfuerzos en controlar sus emociones.

Se gira dándome la espalda, cierra la puerta y, sin mirarme a la cara, se retira diciendo:

— A partir de hoy queda prohibido que entréis a este cuarto.

CAPÍTULO 22

Jueves, 22 de diciembre de 2016
Hora: 15:00

David

—Ya te dije que en quince minutos llegábamos…

Me despiertan de mis pensamientos las palabras del taxista mientras me lleva a casa.

—… Siempre es lo mismo, quince minutos. Los semáforos en esta ruta están bien sincronizados y no suele haber problemas. Si hay obras o algún atasco, enseguida habilitan ruta alternativa, y no dejan de ser quince minutos desde donde te he cogido hasta el barrio donde vives.

No le estaba escuchando al principio, pero esto último que ha dicho me ha vuelto a recordar lo que estamos hablando estos días sobre la ciudad, el famoso equilibrio. ¿Sería el emperador Augusto consciente de lo que llegó a conseguir? Una ciudad que continuamente se automodifique o vuelva a adaptarse para conseguir de nuevo el equilibrio si algo la ha alterado. «Una ciudad en búsqueda continua del equilibrio», me viene a la cabeza esa frase como eslogan promocional de la ciudad. «¿Por qué no se le ha ocurrido a nadie antes?». Lo último que me contó Elsa me dejó intrigado porque no pudo acabar la historia con la llamada de mi hermano.

—… Pero últimamente hay que reconocer que hay más atascos… — vuelve a comentar el taxista.

Cuando me despedí de Elsa, comprobé que llevaba algo de dinero y, sin pensármelo dos veces, estiré el brazo en la calle para parar un taxi. Quería llegar a casa lo antes posible. Creo que le he debido de dar tanta lástima por lo nervioso que he entrado que no para de darme conversación para que me tranquilice.

—… Algunas personas se están desmayando en el coche. Afortunadamente, hasta ahora, solo ha pasado cuando estaban paradas en algún semáforo. El problema es que se está creando bastante miedo de que pueda ocurrir mientras van conduciendo. —Concluye el taxista la conversación justo cuando para enfrente de mi casa.

Estoy asustado, no sé lo que me voy a encontrar en casa, mi madre sin conseguir equilibrarse como el resto de gente de la ciudad. Hasta ahora pensaba que le ocurría a los demás y no a mí, o a ninguno de nosotros cinco.

Salgo del taxi y voy corriendo hacia el portal de la casa. No encuentro las llaves, las puse en el bolsillo exterior de la mochila y ya no están. ¿O las puse en el interior? No lo sé, no recuerdo. Empiezo a ponerme nervioso porque tampoco están en el de dentro. Miro al interior del vestíbulo por si en ese momento algún vecino baja y me abre la puerta. Nadie aparece. Al fin, sin querer, me doy en el pantalón y siento el manojo de llaves que me había metido en el bolsillo cuando salí corriendo esta mañana. Consigo abrir la puerta y en ese momento uno de los vecinos sale del ascensor y me saluda. No me da tiempo a devolverle el saludo porque subo corriendo directamente por las escaleras. Son solo tres plantas y no sabría qué hacer solo en un ascensor durante el tiempo que tarda en llegar al piso, supongo que me volvería loco y prefiero evitar esa situación.

Marco ya ha puesto a nuestra madre encima de su cama. Está calmado. Me cuenta lo ocurrido.

Al parecer, se había desmayado cuando estaba en su despacho trabajando con el ordenador. Mi hermano estaba estudiando en su cuarto cuando oyó un golpe fuerte. La llamó, pero no le contestó, así que se levantó y fue a buscarla. La encontró con la cabeza encima del ordenador. Comprobó que se había hecho una herida en la frente y que estaba sangrando. Con cuidado, la cogió, la puso encima de su cama, se acercó al botiquín, y con una gasa estéril y algo de agua oxigenada le limpió la herida. Después me llamó.

Esta habitación siempre me genera un sentimiento de soledad. Desde que nuestro padre murió la recuerdo ordenada, la cama perfectamente hecha con esa colcha de color rosa con estampados de flores blancas, la mesilla de noche de madera blanca con una lámpara pequeña arriba para leer, el despertador y un montón de libros apiñados en el único estante que tiene debajo. El color blanco de las paredes solo se rompe con la ventana, con el espejo que tiene encima del tocador para maquillarse y el gran cuadro en la pared detrás de la cama. A ella le gusta el mar, así que, mi hermano y yo, hace un par de años le regalamos esa bonita puesta de sol en el Pacífico para que esa sensación triste que había en el cuarto desapareciera. Porque eso era lo que mi madre inspiraba dentro de la habitación: soledad, nostalgia.

Cuando murió nuestro padre, ella se cambió de cuarto a este más pequeño y nos dejó el grande a nosotros. El apartamento solo tiene dos dormitorios y, aunque a mí me gusta mi casa, no lo suelo comentar con mis amigos porque creo que todos viven en una más grande. Mi madre suele pasar mucho tiempo aquí dentro, casi no va al salón. Su recorrido en casa pasa por la cocina, nuestro cuarto, el baño y el suyo. No sé por qué no le gusta sentarse en el sillón para ver al menos una película con nosotros. Es difícil entrar en la mente de la gente y menos en la de ella.

El tocador lo tiene a los pies de la cama. Es una mesa pequeña también de color blanco llena de productos de maquillaje. Quizá sea el único rincón del cuarto donde se rompe el orden. Porque mi madre pasa mucho rato sentada ahí. Va siempre maquillada, incluso dentro de casa. A veces pienso que es obsesivo, pero hay que decir que lo hace con elegancia y clase. Nunca le he dicho nada.

Junto al tocador y a la ventana, está lo que ella llama el despacho, que no es más que una mesa y una silla con un mueble con ruedas de tres cajones debajo. Me la imagino ahí doblada con la cabeza sobre el ordenador portátil que usa y la imagen que se habrá encontrado Marco con su cuerpo iluminado con el sol brillante que entra por esa ventana sin cortinas.

Ahora su cuerpo está encima de la cama.

No sé si cualquier chico de catorce años habría reaccionado como lo hizo mi hermano. Lo que sí sé es que los dos nos hemos criado solos con mi madre y, por lo que veo en el resto de compañeros de clase, cuando de pronto falta uno de los dos padres y el otro se hace cargo de todo, la vida fluye de diferente manera para los hijos. Es difícil decir por qué. Son muchos los casos que he visto entre conocidos cuando tratas de ver cómo lo llevan otros chicos y jóvenes de tu edad. En nuestro caso, alguien podría decir que nos habíamos vuelto algo duros y fríos. Muchas veces nos costaba relacionarnos con otros en grupo y preferíamos hacer las cosas solos. No es que seamos malos chicos, simplemente estábamos acostumbrados a tomar decisiones por nosotros mismos. Eso hoy había hecho que mi hermano reaccionara rápidamente porque si mi madre se hubiera quedado en la posición que estaba durante mucho tiempo, la herida se podría haber complicado y hubiese llegado a ahogarse al quedar inconsciente con el golpe.

Desde que comenzaron a pasar los casos de gente desmayándose, el Ayuntamiento tiene organizado un servicio de apoyo a personas que les ocurre en la calle y también de consulta para todos aquellos familiares o amigos que tienen que ayudar a alguien. Nuestra madre nos lo comentó justo anoche y nos explicó los consejos que estaban dando si ocurría dentro de casa. Lo primero era comprobar si la persona desequilibrada tenía alguna herida y curársela inmediatamente. Luego retirarla, dejar la zona segura y ponerla en su cama. Desde los servicios de apoyo también pedían que luego se les llamara por teléfono para informar sobre cómo había pasado, dar nombre y apellidos para que ellos llevaran un registro. Tenían que tener muy claro cuántas personas habría que «curar» cuando se encontrara la forma y no podía quedar nadie fuera de las acciones que se llevaran a cabo.

—Y ahora, ¿qué hacemos? —me pregunta, mientras me mira.

Él ya ha llamado al servicio del Ayuntamiento para que la incluyan en el registro y en esta situación es cuando yo siento mi responsabilidad de hermano mayor. Estamos acostumbrados a tomar decisiones valorando todas las alternativas con tiempo, pero esto es diferente. Cuando teníamos dudas en algo nos solíamos apoyar en nuestra madre, y aunque ella no nos decía lo que teníamos que hacer, nos mostraba alguna otra opción que no se nos hubiera ocurrido. Luego dejaba que decidiéramos nosotros. Pero hoy ella no está consciente para ayudarnos a tomar la decisión siguiente.

—Ya nos dijo que si esto sucedía —le respondo serio y firme a la vez— teníamos que llamar al tío Daniel e irnos con él.

El tío Daniel es el único hermano de mi madre, vive también en la ciudad y la verdad es que nos llevamos muy bien con las tres primas. Sé que solo la idea de llamarlo a Marco le gusta. Es un hombre muy resuelto. Estoy seguro de que nos ayudará.

Precisamente por eso, no me sorprende cuando lo llamo para explicarle lo que ha pasado. Reacciona rápidamente, sin quejarse, y tratando de ser optimista.

—No te preocupes de nada, David —me dice por teléfono—, voy ahora mismo a buscaros a los tres y os quedáis con nosotros hasta que esto se solucione.

—Gracias, tío, te lo agradezco mucho —le contesto—, pero me basta con que te quedes con mi madre y mi hermano… yo tengo algo muy importante que hacer.

En ese momento suena la señal en mi móvil de que tengo un nuevo mensaje. Lo leo mientras todavía tengo al teléfono a mi tío: «En media hora en la iglesia de la Magdalena». Lo envía Sofía.

CAPÍTULO 23

Jueves, 22 de diciembre de 2016
Hora: 16:00

Sofía

Es la primera vez desde lo de papá, hace un año, que no me sentía tan mal. Afortunadamente estoy rodeada de gente y paso desapercibida. Porque hoy necesito esa sensación, ser una más del montón, esconderme entre la multitud. La ciudad es suficientemente grande para que pueda salir y no tener que encontrarme gente conocida en cada esquina, por supuesto siempre que vaya por las calles donde asumo que mis conocidos no estarán.

Lo de mamá hace un rato, me ha dejado confundida, asustada y a la vez muy enfadada. Aunque supongo que ella se quedó peor, ya que, después de que cerró la puerta del despacho de papá y prohibió entrar, cogí el abrigo, la mochila, el móvil y me fui de casa sin decir nada. Sé que no está bien, pero me ha parecido fatal lo que ha hecho y tenía que protestar de alguna manera.

Ya me siento algo mejor y no sé si porque ya ha pasado un rato o porque estoy viendo ahí arriba la famosa veleta metálica que Nicola nos indicó.

Sigue allí, es especial. Observo a la gente y nadie se fija en ella. Sigue soplando el viento desde el noroeste y la veleta sigue fija apuntando en la dirección contraria. Poco a poco dirijo la vista hacia el cristal de la ventana donde vive Nicola, pero solo distingo la misma cortina blanca de siempre corrida, sin permitir ver nada en su interior. Estoy segura de que ninguna de las personas que tengo alrededor sabe lo que sabemos nosotros, que hay un equilibrio que se ha roto y por eso se desploma la gente en la calle, y que, según este hombre, al que casi no conocemos pero todos tenemos un auténtico respeto, hay que viajar al pasado para descubrir el equilibrio que se ha roto y tratar de volver a recuperarlo. Supongo que, si en este momento se lo contara a cualquiera de los que está pasando a mi lado, me tomarían por loca y no me harían caso.

Estoy entre el límite de la incredulidad, la irracionalidad y la necesidad de hacer algo urgente. Solo quedan unas horas para el momento que él mencionó cuando había que dar el «salto» y no tenemos la clave que nos dijo que necesitábamos encontrar y en lo que él no nos podía ayudar. Lo único que nos dijo fue que para el primer «salto», el portal de entrada solo se puede abrir una vez al año, al amanecer del día del solsticio de invierno, justo cuando le diera la luz al cruce de las calles Don Jaime y Mayor.

Y yo estoy en el lugar ahora mismo.

Sigue pareciendo de locura, según el viejo, en este mismo sitio se puede abrir algo totalmente irreal. Pero ¿qué otra cosa podemos hacer? La ciudad sigue desequilibrándose y las autoridades no saben qué hacer. Ha salido en las noticias y desde esta mañana la ciudad está llena de televisiones de otros países y un montón de periodistas hablando en diferentes idiomas. «La ciudad sagrada… la ciudad del equilibrio», es lo único que viene a la cabeza.

Por mucho que le doy vueltas, la decisión la tengo tomada, tenemos que seguir el consejo de Nicola. Así que me pongo a caminar por la calle Mayor hacia la iglesia de la Magdalena.

Me suena el móvil. Miro la pantalla y me quedo fría cuando veo que me llama Erik.

—Hola —contesto desganada y después de que ha sonado cinco veces.

—¡Tenemos que hablar! ¡Tenemos que hablar! —Me sorprende con un tono de voz agitado y hablando muy rápido. Esperaba primero una disculpa por lo del otro día—. Sofía, necesito contarte algo muy importante.

Dudo un momento porque llevo muchas emociones durante el día. No sé si todo esto está siendo un sueño o es de verdad. Me relajo, pero no paro en el camino hacia donde voy.

—He quedado con David, Samuel y Elsa en la iglesia de la Magdalena. Te puedes venir si quieres.

—No, no —Empieza otra vez agitado. Se calma un poco antes de continuar—: Todo esto que nos está ocurriendo puede llegar a tener una explicación y acabo de saber algo que te tengo que contar. Y solo te lo puedo contar a ti.

Ahora ya no sé qué pensar. El chico con el que estoy saliendo nos monta un numerito, se va cuando estábamos todos juntos, no me llama en las siguientes horas, y cuando lo hace trata de meterme urgencia con un misterio.

—Mira Erik —comienzo un poco enfadada—, no sé qué me quieres contar, pero considero que deberías venir. Samuel, David, Elsa y yo seguimos con todo esto, porque está empezando a tomar una dimensión mayor.

—Pero… —interviene Erik.

—O vienes —le interrumpo sin dejarle acabar— o me pides cita por Internet. —Y le corto la llamada.

¡Qué se habrá creído! Espero que no se piense que se puede comportar así de mal y luego simular que no ha pasado nada.

El claxon de un coche me hace caer en la cuenta de que he estado caminando mientras hablaba por teléfono y he estado a punto de cruzar la calle San Vicente de Paul con el semáforo en rojo y sin mirar. Casi se me cae el móvil al suelo, afortunadamente lo he atrapado, si no el coche lo habría hecho añicos. ¿Qué podría hacer yo sin móvil?

Tras cruzar la calle adecuadamente, sigo el camino y veo cómo se estrecha la vía, sobre todo en la parte última donde aparece a la izquierda la pared lateral de la iglesia. Es una zona muy interesante porque las veces que paso por aquí veo una gran mezcla de culturas, gentes de muchas razas y religiones pasando junto a uno de los sitios que, ahora lo sabemos, fue clave en el diseño de la ciudad.

¡Y aquí está! Ya estoy en la plaza de la Magdalena.

Es la primera vez que vengo desde que empezamos a ver el tema del rectángulo solsticial y Nicola nos contó la historia. Sigue teniendo el mismo misterio de siempre. No, quizá hoy más para mí. Pero antes de mirar a la plaza, giro la cara a mi derecha y vuelvo a observar con más cuidado que nunca la pared del edificio pintado con una representación de cómo era hace unos años la Puerta Este, cuando todavía existía. Me paro. Veo el arco de la puerta y cómo detrás se ve la entrada de la iglesia. Es curioso que siempre en las fotos y cuadros que he visto últimamente de esta iglesia, le está dando el sol a la entrada. Se ve gente de épocas anteriores paseando y…

—¡Oh! ¡Madre mía! —Es lo único que me sale. No me puedo mover—. ¡No me lo puedo creer!

Una señora que pasaba a mi lado se ha detenido. La siento a mi lado, también mirando hacia arriba. Me ha debido de oír.

De pie, frente al gran mural, veo que en la pintura y la pared derecha representada está la misma inscripción que se encontró en el sillar, que vi en el museo, y luego en la foto en la cartera de mi padre.

La señora sigue su camino no sin antes mirarme y mover la cabeza de derecha a izquierda. Soy incapaz de saber qué habrá visto en mi cara.

Cuando me giro veo en uno de los bancos que hay en la plaza a David y a Elsa. Noto algo raro, David está pálido. Tiene cara de tristeza. Parece que Elsa está como consolándolo.

CAPÍTULO 24

Jueves, 22 de diciembre de 2016
Hora: 16:30

David

—¿Te estás fijando en lo mismo que yo? —Me sobresalta Elsa a mi lado.

Los dos hemos llegado cinco minutos antes que Sofía y, aunque la vemos de pie mirando la pintura del edificio de enfrente, Elsa sigue tratando de darme conversación para animarme.

—La iglesia de la Magdalena —empieza a relatar—. Uno de los edificios que más me impresionan en esta ciudad. Según tuvimos que estudiar para el último examen de Historia el curso pasado, es de estilo mudéjar del siglo XIV, aunque ya aparece anteriormente mencionada como iglesia románica en 1126. Posteriormente se ha reformado su interior en los siglos XVII y XVIII en estilo barroco. Ha mantenido original la estructura y la torre cuadrada, realizada en ladrillo. De las que conozco, creo que es una de las torres de iglesia más bonitas, especialmente de noche cuando encienden la iluminación.

Le agradezco que me distraiga. Todo lo que ha pasado me tiene muy nervioso.

—La verdad —le contesto para no ser descortés— es que, por lo que vimos en clase el año pasado y analizándolo desde la perspectiva de estos días, el propio arte mudéjar tiene algo de…

—¡De equilibrio! —me interrumpe Elsa como si fuera una niña que me hubiese leído el pensamiento y disfrute presumiendo de ello.

—Pues sí, es lo que pensaba. —La miro a la cara, sonrío porque ha conseguido animarme y sigo—: De hecho, es la consecuencia de las condiciones de convivencia existente en la España medieval y se trata de un fenómeno de mezcla de las corrientes artísticas cristianas y musulmanas de la época.

Me paro. Sus ojos grandes no dejan de mirarme. Al sonreír, sus dientes blancos contrastan con el color oscuro de su piel y le da un aspecto aún más bonito a su cara.

—Te lo sabias bien, ¡eh! —continúo ya sonriendo, más normal—. Ya me di cuenta el año pasado de que te gustaba esa parte de la historia.

Se encoje de hombros. Noto que se sonroja. Dejo de mirarla.

Ya está aquí Sofía. Por fin se acerca al banco donde estamos esperándola. Los dos nos hemos sentado en el respaldo del banco con los pies apoyados en el asiento.

Está seria.

—¿Qué te pasa, David? —Es lo primero que dice.

—Luego te lo cuento —le contesto, porque la veo muy nerviosa, casi como enfadada—. ¿Qué te ha pasado a ti? Pareces muy afectada por algo.

Nos mira a los dos a los ojos, luego baja la vista y, tras un rato de silencio, comienza a hablar.

Mientras lo hace, la noto triste, aunque está preciosa.

Nos cuenta lo que le ha pasado hace un rato en casa con su madre. Mientras lo está relatando, su cuerpo parece liviano, como si se cayera, sus hombros y brazos parece que le pesaran más que otros días, su cabeza solo mira al suelo. Está enfadada y a la vez triste. Su tono es pausado hasta que nos cuenta cómo se puso su madre y la prohibición de entrar en el cuarto de su padre nunca más. Sigue mirando al suelo. No veo su expresión. No veo su cara. Solo un par de lágrimas que mojan el suelo.

—No eres la única que tiene problemas —le digo.

Le cuento lo que me ha pasado con mi madre. Me mira. Solo me mira, como memorizando cada detalle del relato.

Se aproxima un poco más hacia mí y echa su cabeza en mi hombro. No me puedo creer lo que está ocurriendo. Yo me muero. Si supiera lo que está provocando en mí. Siento su perfume, su calor… su cuerpo. Por favor, que no se acabe este momento. Cómo me gusta.

Sofía levanta la cara, y mientras se limpia las lágrimas con la manga izquierda, recupera su firmeza de siempre.

—… Después de lo ocurrido en mi casa —me pongo de pie para continuar hablando—, tengo la intención de hacer algo, el tema ya ha traspasado a mi familia y no puedo quedarme con los brazos cruzados.

No les he tenido que decir mucho porque en el fondo está la posibilidad de que mañana le ocurra lo mismo a la madre de Sofía o a los padres de Elsa. Pero ya no puedo esperar más. Tenemos que hacer algo.

—Yo estoy dispuesto a hacer lo que dice Nicola —les digo mirándolas a las dos a la cara.

—Pero, David —me interrumpe Elsa—, sabemos que todo esto puede ser una tontería de viejo loco… —Se queda callada un momento y baja la mirada al suelo—… el problema es que después de lo que ha pasado, no nos quedan muchas más opciones.

Se ha hecho algo de silencio y todos miramos a la pared de la iglesia donde vemos debajo un grupo de niños jugar con una pelota mientras sus abuelas están sentadas en el banco que está junto al nuestro.

—Por cierto, ¿dónde está Samuel? —pregunto.

—Ha mandado un mensaje por el móvil diciendo que se retrasaba —contesta Elsa.

Nos miramos los tres a la cara y, como si nos hubiésemos puesto de acuerdo, nos encojemos de hombros a la vez.

Las abuelas que están a nuestro lado comentan lo grande que se están haciendo sus nietos. En ese momento una de ellas acaba de caer desmayada. Parece dormida. Nos levantamos asustados para socorrerla. Las otras no le prestan atención y continúan como si no hubiera ocurrido nada. Pero en este caso ha sido una falsa alarma, parece que es habitual que esa señora se quede literalmente dormida por las tardes durante unos minutos, nos aclaran sus amigas al interesarnos.

Volvemos al banco donde estábamos sentados.

—Por cierto, Sofía, nos has mandado un mensaje para que viniéramos aquí.

Nos mira un momento y, sacando un cuaderno pequeño de papel de su mochila, comienza a escribir en silencio. Cuando termina, nos muestra una sucesión de números:

—Esto estaba escrito en una hoja en la cartera de mi padre.

Tras una pausa, sigue hablando.

—No me dice nada y el principal tema es ¿por qué justo hoy descubro en la cartera de mi padre estos números y una foto de la estatuilla que vimos en casa de Nicola?

Uno de los niños viene corriendo hacia nosotros a recoger la pelota que se les ha escapado y Elsa ha cogido al vuelo.

—Esos son los números de Fibonacci —dice Elsa, mientras le devuelve el balón al niño.

Consigue que Sofía y yo nos quedemos con los ojos abiertos como platos.

No contesta inmediatamente. Quiere mantener un poco el suspense. Nos mira a los dos y sonríe pícaramente cuando nota que diga lo que diga la vamos a escuchar.

—Es un tema muy antiguo y se utiliza para muchas cosas. La serie empieza por el 0 y el 1, luego cada número es la suma de los dos anteriores.

Se calla y permite que le perforemos con la mirada para que siga contando. Sonríe de nuevo y continúa.

—La serie tiene muchas características especiales. A medida que se va avanzado en la lista, se encuentra que la relación que hay entre los números consecutivos es aproximadamente siempre la misma: 1,6180 y más números detrás. A esa relación los griegos la llamaron el numero PHI y luego se le ha llamado el numero áureo o la sección dorada.

Sopla una racha de viento fuerte y frío. Los niños han dejado de jugar. Las abuelas están todas calladas. El silencio en este momento es inusual. No pasan ni coches.

—Esa relación, es el pilar fundamental de la geometría sagrada —termina Elsa.

Acaba de conseguir una vez más toda mi atención. Esta chica es especial.

—¡Joder! Elsa, eres una enciclopedia andante —digo lo primero que me sale.

Al menos he conseguido que Sofía se ría un poco.

Otra vez en menos de una semana la palabra geometría vuelve a aparecer en todo esto. Reconozco en la cara de Sofía más sorpresa que en la mía. Esto se supone que es su tema, la geometría, y por su expresión, me parece que no lo sabía:

—Y tú, ¿de dónde sacas eso? — le pregunta Sofía con un tono que soy incapaz de identificar, pero no es de alegría.

—Es parte de la historia —comienza Elsa a responder— y eso, es lo mío. El numero PHI viene de los tiempos de los griegos. Encontraron que, si dibujas una recta que mide PHI en dos partes desiguales y una de ellas mide uno, la otra es 1/PHI. Y también se dan otras relaciones. —Guarda silencio y nos mira de nuevo a los ojos—. ¿No os dais cuenta? —Lo dice con tal pasión que no puedes dudar de nada de lo cuenta—. Es el único número que relaciona la pequeño a lo grande y lo grande al todo. Fue un auténtico descubrimiento.

Elsa dibuja en un papel las líneas y las relaciones.

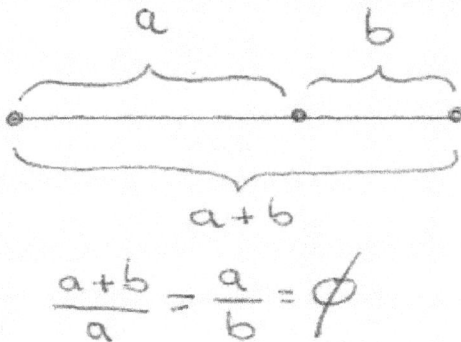

$$\frac{a+b}{a} = \frac{a}{b} = \phi$$

—Lo siento, Elsa —dice Sofía—, pero no veo la relación entre esto y la geometría.

—Al número PHI —le contesta Elsa— se le llamó el número áureo, y es la base de la geometría sagrada porque está en la propia naturaleza, y además se ha utilizado para las

construcciones y arquitectura a lo largo de los tiempos. —
Vuelve a dibujar.

$$\overset{1 \qquad 1/\phi}{\underset{\phi}{\bullet\!-\!-\!\bullet\!-\!\bullet}} \qquad \overset{\phi \qquad 1}{\underset{\phi^2}{\bullet\!-\!-\!\bullet\!-\!\bullet}}$$

Estamos los tres de pie mirando el papel que ha dibujado
Elsa, mientras se apoya en el respaldo del banco. La plaza
acaba de recobrar su ruido habitual. Las abuelas han despertado
a su amiga y con esfuerzos visibles, se ponen de pie llamando a
los niños con los brazos.

—Todo es por el uso de la relación entre números 8:5 o
13:8. Es decir, construyeron figuras geométricas con estas
relaciones. Por ejemplo, hoy en día muy pocos saben que el
tamaño de muchos objetos que usamos tiene la relación del
número áureo: las cajetillas de tabaco o las tarjetas de crédito.
Pero lo más importante es que hay muchas estructuras en la
propia naturaleza que siguen el número áureo, e incluso el
ADN humano.

—¿Y por qué mi padre tenía esto en la cartera? —pregunta
Sofía.

—Ni idea —responde Elsa.

Nos quedamos los tres callados mirando fijamente el papel
dibujado.

Tras la respuesta de Elsa, no he sabido qué decir y llevamos
un buen rato callados. No puedo soportar este silencio. Hay que
hacer algo, y pronto. Parece que nos hemos bloqueado, pero de
pronto miro a la iglesia de nuevo y me fijo en las formas
geométricas de las ventanas altas. Rompo el silencio:

—¿No se supone que el emperador Augusto quiso hacer una
ciudad sagrada? En ese caso, parece fácil pensar que utilizaría
la geometría sagrada.

Viendo las caras de ambas, me acabo de quedar muy
orgulloso. Por fin un comentario mío consigue mostrar algo que

ni a la experta en geometría ni a la experta en historia se les había ocurrido.

—Tiene toda la lógica —dice Sofía.

—Elsa —comento mirándola a la cara—, el lunes comenzaste a contar la vida del emperador Augusto, pero no acabaste, ¿por qué no lo terminas ahora?

—¡Ah, sí! Lo más interesante que os contaba es que…

Pero se interrumpe porque Sofía se pone en pie, mira a la iglesia, se gira completamente y se queda observando los edificios que hay enfrente de la plaza. Se queda pensando y mirando. Siempre dando la espalda a la iglesia, se acerca hasta la calle Coso. Avanza hacia izquierda y derecha en la calle. Observa el edificio de enfrente.

Reconozco que no paro de mirarla. Hoy se ha puesto un abrigo largo de color morado algo ceñido y una bufanda de lana gruesa de color crema que me encanta. Pero lo que realmente me hipnotiza es el pelo largo y rizado que tiene y el viento le hace levantar. Ella, una y otra vez, se lo aparta de la cara despejándolo del cuello. El color cobrizo del pelo le brilla con el sol y la imagen que tiene allí de pie, mirando el edificio, me distrae del resto del mundo. Normalmente suele llevar una pequeña mochila de cuero marrón a la espalda. Hoy la lleva solo colgando de un brazo, porque está continuamente sacando los libros y apuntes que ha ido acumulando en los últimos días. De pronto, siento un golpe en el brazo.

—¿Por qué nunca se lo has dicho? —oigo la voz de Elsa hablando casi en silencio hacia mí.

Totalmente contrariado y como si me hubiese pillado haciendo una travesura de niño, giro la cabeza hacia ella y pregunto:

—¿A qué te refieres?

—Ya lo sabes… —me responde Elsa con una sonrisa cómplice—. Te has quedado como un clavo mirándola. No es la primera vez que lo haces. Ya lo he notado en clase.

¡Menuda vergüenza! Yo siempre había pensado que nadie se daba cuenta porque lo disimulaba bien. ¿Y si los demás también se han dado cuenta? ¿Y si Sofía se ha dado cuenta? Creo que me he puesto colorado porque Elsa me sigue mirando y se ríe.

—No sé por qué lo dices —le respondo mirando hacia Sofía—, ella todavía está saliendo con Erik.

Se produce un pequeño silencio.

—¿Todavía?... —suelta Elsa y me deja sin saber qué decir.

La verdad es que con la situación que vimos el otro día y el numerito que montó Erik, no parece que la relación continúe. Fue bastante desagradable. Veo difícil que se reconcilien pronto. De hecho, él no está aquí.

—¡Eh, venid! —nos grita Sofía desde donde está.

Tanto Elsa como yo nos incorporamos y, mientras esquivamos al grupo de abuelas con sus nietos en la dirección donde vamos, llegamos a la posición de Sofía. Nos señala el edificio al otro lado de la calle Coso y dice:

—Cuando vimos el rectángulo solsticial y Nicola nos contó toda la historia, una de las cosas que quería confirmar es si el equilibrio que decía él se podía haber roto porque ya no se cumpla alguna de las razones por las que los romanos construyeron la ciudad.

Se calla por el ruido de la ambulancia que está pasando por la calle. Espera a que se vaya y continúa:

—Por eso os he citado aquí, y así lo comprobábamos. Se supone que, según el rectángulo solsticial, el día del solsticio de invierno, por cierto, mañana, al amanecer, el sol iluminará la Puerta Este, es decir, la entrada de la iglesia de la Magdalena. Por lo tanto, ¿qué puede tapar al sol?

Se nos queda mirando como si fuera una adivinanza y tuviéramos que saber la respuesta inmediatamente.

Me encojo de hombros y veo que Elsa hace algo parecido.

—Según veo —continúa Sofía—, los edificios de enfrente.

Nos mira. Creo que espera que nos sorprendamos, pero a mí no me dice nada todo esto.

—Pero claro —sigue Sofía—, habrá estado mucho tiempo allí, y el desequilibrio que está ocurriendo en la actualidad debería estar relacionado con algo reciente.

Aunque me parece un razonamiento muy lógico y demuestra que esta chica está totalmente sumida en la historia, no veo nada raro ni especial.

Miro el edificio que señala y está claro que es más nuevo que otros que hay alrededor. Llega desde un extremo de la manzana al otro, hay dos tiendas debajo y el portal de entrada queda más o menos en medio de la estructura. Tiene cubierta exterior de color crema que le da un aspecto de seriedad. Al principio he pensado que tenía tres niveles de pisos porque tiene tres líneas de ventanas, pero veo que son muy alargadas para que solo correspondan a un piso. Trato de descubrir algo más que me sorprenda. Pero no hay nada que me llame la atención. Miro a Sofía y me encojo de hombros. Elsa tampoco dice nada, esperando que Sofía continúe.

—Me ha sorprendido el edificio porque parecía que tenía tres plantas, pero si nos fijamos bien tiene cinco. Si miramos las construcciones de atrás, las más antiguas, todas tienen cuatro plantas. He mirado por los dos lados del edificio hacia lo lejos, porque son calles muy alineadas y les da bien el sol.

Se queda callada un segundo y sentencia:

—Los edificios de detrás, absolutamente todos, tienen solo cuatro plantas.

Tiene razón, no lo había visto. Hay que ser muy observador para darse cuenta del detalle, aunque no sé qué relación puede tener.

—Tienes razón —le digo—, pero no sé cómo influye en lo que estamos haciendo.

—Por el tiempo del amanecer y la hora en que llegará la luz al cruce —contesta rápidamente Elsa.

—Exacto —acaba Sofía.

Me parece que voy por detrás de ellas. Ni se me había ocurrido. Miro de nuevo al edificio, a la iglesia y puede ser, de hecho, puede afectar a lo que nos contó Nicola, porque parte del diseño del equilibrio que Augusto supuestamente diseñó se basaba en la luz y el aire entrando por el *Decumanus* y se supone que el efecto en el cruce del *Cardus,* que llamaba el Centro, origina ese quinto elemento que llamaban el Éter. Si ahora se retrasa la entrada del sol en el Centro... podría estar relacionado.

Aunque sigo sin verlo.

De todas maneras, hay algo que no me está cuadrando muy bien y, dejando atrás la calle Coso, me vuelvo y camino dirección a la iglesia. Me paro inmediatamente en la pared del edificio de la izquierda donde todavía se conserva una piedra original de la muralla romana. Veo que las chicas me miran. Ahora soy yo el que se toma su tiempo y me muevo para comprobar algo.

A ver si Sofía acaba mirándome cómo yo la miré.

Me apoyo con la espalda pegada a la piedra romana y giro la cabeza hacia la izquierda, a lo lejos, por la calle que sería el *Decumanus* para los romanos, y luego en dirección opuesta hacia el edificio que ha señalado Sofía. De hecho, al verme hacer eso, vienen las dos hacia mí. Se me queda mirando Sofía.

—¿Y?

Ya me encuentro un poco mejor, acabo de hacer algo nuevo que a ella no se le había ocurrido e incluso está interesada en que se lo cuente. Se debería parar el mundo unos minutos para que yo disfrute de este momento, viendo cómo la chica que me gusta está de pie muy cerca de mí, mirándome y esperando que le descubra algo.

Tras unas décimas de segundo veo claramente que el mundo no se va a parar... ¡Qué lástima, lo que hubiera disfrutado!... Y contesto pronto para no crear un momento incómodo.

—Desde aquí —comienzo—, debería entrar el sol al *Decumanus.* Yo creo que no es la entrada de la iglesia lo que marca la dirección por donde tiene que entrar el sol, sino la antigua puerta y, por lo tanto, la propia calle. Lo cierto es que esta última piedra que queda de las originales debió de ser justo donde empezaba la puerta para que entrara el sol.

Noto en la cara de Sofía que no había reparado en ello, porque mira a un lado y a otro seria, hasta que al final hace ademán de estar conforme. Así que continúo:

—Como veis, hacia la izquierda, el edificio ya tapa la luz aunque solo tenga cuatro o cinco plantas.

Me aparto y ellas lo comprueban. Veo que Sofía no se queda muy conforme, así que se mueve alrededor y mira a un lado y a otro. Tras un rato, cruza la calle Coso hacia el edificio y se queda un rato mirando hacia los lados observando todo a su alrededor.

De pronto se queda parada en dirección a la iglesia, realmente hacia donde estamos nosotros. Está mirando a la iglesia, exactamente tiene los ojos clavados en la parte alta de la construcción. Mete su mano en la mochila y, tanto Elsa como yo, nos quedamos sorprendidos de que saque unos pequeños prismáticos. Al cabo de un rato, baja la vista y nos mira. Noto una leve sonrisa en su boca. Cruza la calle junto con un grupo de abuelitos por el semáforo.

Cuando llega a nosotros, y mirándome, dice:

—Creo que tienes razón en lo que dices y parece que la clave está en que entre la luz a la calle y por eso no parece que el hecho de que el edificio sea más alto tenga efecto….

Se queda callada tratando de conseguir algo de misterio y continúa:

—… pero lo que no sé si podemos explicar es por qué en el tejado de esta iglesia alguien ha construido un pequeño arco, con la forma de la antigua puerta que está dibujada en esa pintura que vimos antes. —Y señala a la pared de la izquierda al otro lado de la calle de la iglesia.

Justo en ese momento los tres nos sobresaltamos. Al otro lado de la calle, como si de una aparición se tratara, está Samuel de pie con su abrigo largo de siempre y las zapatillas blancas más relucientes del mundo. Con las manos en los bolsillos nos mira sin ninguna expresión en la cara.

CAPÍTULO 25

Jueves, 22 de diciembre de 2016
Hora: 17:00

Sofía

Nunca imaginé que me iba a embarcar. Me ha costado mucho decidirlo porque en el fondo todo está basado en algo absolutamente imaginario, que solo ocurre en las películas.

Después del rato comprobando la entrada de la luz en la calle y en la iglesia, nos hemos vuelto al banco donde estábamos antes.

Samuel de pie a mi lado ha sacado su *tablet* y se ha puesto a anotar no sé qué. Estamos los tres procesando la razón que nos ha dado por la que no ha llegado a la misma hora que los demás. «Tenía que hacer cosas», es todo lo que ha dicho. Y, claro, ¿quién le pregunta qué cosas? ¿Quién se atreve a meterse dentro de su misteriosa vida? En fin, así es y no lo vamos a cambiar. Lo que me pasa es que hay algo en él que me inspira respeto y simpatía a la vez. Desde el incidente de la tienda de helados he notado que los otros lo tratan mejor. Yo siempre me he llevado bien con él, pero ahora noto como más complicidad con todo el grupo.

Lo miro de reojo y sonrío sin que sepa que le estoy mirando.

Elsa y David están sentados en el respaldo del banco con los pies apoyados en el propio asiento. Yo prefiero estar de pie porque con el viento que sopla hoy así utilizo las dos manos para colocarme el pelo cada vez que me lo mueve el aire. Elsa lleva el pelo corto y no lo necesita, por eso puede usar las dos manos para asegurarse bien en el banco.

—Creo —empiezo diciendo— que estamos de acuerdo que todo esto parece una ridiculez, pero a la vez hay información que nos está llevando alrededor de lo mismo. Y lo que es un hecho es que la gente se está desequilibrando... ¿Lo hacemos?

Nos miramos los tres a la cara en silencio, Elsa gira la cabeza hacia la iglesia que en ese momento está a la sombra. Los tres ventanales alargados de la fachada nos observan silenciosos como esperando que adivinemos sus secretos.

—Después de lo que ha pasado con mi madre —dice David de forma seria y a la vez decidida—, lo tengo muy claro: adelante.

Nos quedamos los tres mirando a Elsa, mientras ella no para de observar la parte alta de la iglesia. Todavía no ha visto la pequeña «puerta» del tejado, pero estoy segura de que le ha entrado la curiosidad.

A Samuel se lo he explicado yo cuando ha venido y lo ha visto enseguida. Creo que ha sido cuando ha sacado la *tablet* para tomar notas.

Elsa se nos queda mirando, callada. Es un silencio incómodo porque ni David ni yo nos atrevemos a interrumpirla.

—Yo también pienso que pasa algo y hay que actuar — continúa Elsa—, pero antes de hacerlo me gustaría confirmar algunas informaciones por la noche en casa.

Nos mira de nuevo a los tres y dice:

—Pero a tu pregunta: la respuesta es sí… Venga, tenemos que preparar bien el tema.

Se para un momento.

Me encanta cuando pone esa cara de pensar, mirando hacia arriba y los dedos tocándose los labios inferiores. Si alguien le hiciera una escultura, seguro que la pondría en un museo. Parece que ya le ha vuelto la inspiración.

Ya es el momento de empezar a tomar decisiones. Voy a mover esto.

—De lo que nos dijo Nicola —nos sorprende a todos Samuel—, nos falta claramente el tema de la música.

Ha conseguido que los tres dejemos de mirar a la pareja que se ha colocado en el banco de al lado y se están besando. Nos hemos girado todos a la vez y lo miramos frunciendo el ceño como si nos recordara algo que nos contaron de niños. Nadie ha vuelto a mencionar este tema desde que salimos de la casa del viejo. Nos ha sorprendido.

Pero él sigue mirando su *tablet* y no dice nada más.

—Para que se abriera el portal —rompo el hielo— dijo que debía sonar a una hora concreta y una música concreta, en caso contrario no se podrá hacer... —Pero titubeo porque noto que los tres están mirando detrás de mí, y la cara de David ha cambiado totalmente. Continúo con lo que iba a decir—: ... el momento es sensacional, estamos a punto de decidir embarcarnos en algo que no nos imaginamos, y ¡ahí vamos!...

Pero justo cuando acabo la frase me vuelvo totalmente y me encuentro con Erik de pie mirándome fijamente.

Aunque esté enfadada con él, tengo que reconocer que es un tío atractivo. Lleva pantalones vaqueros justos en la parte de abajo que se meten por dentro de la botas color *beige* que se ha puesto hoy. Por lo demás lleva el abrigo de paño de color negro y bufanda blanca que vestía cuando fuimos al museo. Pero hoy tiene las manos en los bolsillos y, para protegerse del frío viento, se ha puesto un gorro de lana nórdico que le queda muy bien. No consigo decir nada, solo lo miro. Noto cómo me palpita el corazón. Le gritaría ahora mismo por lo mal que se portó el último día y a la vez le abrazaría durante un buen rato para sentir sus brazos alrededor mío. Pero no hago nada, solo lo miro.

De pronto, él rompe el silencio:

—Antes de ir a cualquier sitio... —Se calla un momento y me mira fijamente a los ojos—: ... tenemos que hablar.

¡Qué situación más desagradable! Me giro y veo a Elsa que nos sonríe. En cambio, David se ha puesto pálido, rehúye mi mirada, se toca las manos como si se apretara los dedos. Se lo he visto hacer alguna vez más en clase cuando le preguntan y al volverme le veo nervioso. Me gustaría preguntarle qué le pasa, me gustaría continuar con lo que estábamos hablando, pero en este momento estoy en una encrucijada. No sé qué hacer.

—Yo me voy. —Se levanta David bruscamente y recoge su bolsa.

Veo que Elsa le coge del brazo como para frenar semejante ímpetu y con la otra mano le hace una señal a Samuel por encima de su *tablet*.

—Los demás también nos vamos —dice Elsa, se pone de pie junto a ellos y posicionándonos como si formáramos un círculo los cinco, continúa—: Si os parece esta noche nos conectamos vía Internet y compartimos todo lo que tenemos. Creo saber dónde tengo que buscar lo que me falta. Hasta luego.

Se retiran los tres. Elsa ha cogido a David por el brazo y este no se ha despedido. No sé qué le pasa. Samuel camina a su lado pero separado un par de metros.

—Caminemos —dice Erik bastante serio.

Comienza a andar por la calle de la izquierda de la iglesia de la Magdalena hacia la calle Mayor. Voy a su lado.

Si cualquiera me hubiese dicho eso y de esa manera en otra situación, supongo que simplemente le habría pedido que me dejara en paz. Pero esta vez, lo acepto. Si quiere pedirme perdón por lo del otro día, no se lo voy a poner más difícil, supongo que no debe ser fácil para él hacerlo.

Tras cruzar la calle San Vicente de Paul, avanzamos por la calle Mayor, realmente en dirección al Cruce, donde había estado antes del encuentro y había llegado a relajarme entre la multitud.

La calle Mayor tiene para mi algo especial, porque da acceso a dos de las plazas de esta ciudad que más me gustan. Una es la plaza Santa Marta, donde se pueden tomar unas muy buenas tapas y disfrutar de un rincón histórico que no ha perdido su saber antiguo. La otra es la plaza San Pedro Nolasco y hacia ella me dirijo. En cuanto llegamos al cruce de la calle Argensola, giro a la izquierda para ir a través de esa plaza.

Parece que le va a costar contármelo, porque en todo el rato que llevamos andando no ha dicho nada y, lo más raro en él, no ha sacado las manos de los bolsillos.

En la plaza San Pedro Nolasco he disfrutado de muy buenos conciertos de música antigua cuando, durante las fiestas de la ciudad, los organizan al aire libre. Pero hoy no me llega este recuerdo al pasar por aquí.

Mientras terminamos la calle Argensola, y antes de entrar en la plaza, me fijo en la derecha, donde se conservan las ruinas romanas de las antiguas termas. En este momento estos restos tienen otro significado para mí con toda esta historia en la que estamos metidos. Y lo más especial es que justo aquí estoy muy cerca de dos importantes ruinas romanas que se conservan. La otra es el anfiteatro, que nos lo vamos a encontrar en cuanto avancemos recto por la calle del fondo dejando la iglesia al lado derecho. Le miro de reojo y compruebo que sigue con la vista en el suelo.

En el momento en que avanzamos un poco por la calle Pedro Joaquín Soler se nos abre a nuestra derecha toda la amplitud del antiguo anfiteatro romano. Erik se para, se apoya en la valla, hacia el interior y, sin mirarme a la cara, comienza a hablar.

—Lo que te voy a contar es algo aún casi más increíble que todo lo que hasta ahora hemos estado hablando…

¡Vaya! Pensaba que se iba a disculpar. Aunque debo reconocer que ha llamado mi atención.

—… el problema es que quizá no estás preparada para escucharlo.

Pero, bueno ¿Qué se habrá creído? No solo no me pide disculpas, sino que además me trata de niña. Entonces se gira hacia mí, pone sus manos en mis hombros y me mira a los ojos.

—¿Estás dispuesta a escuchar algo que va a cambiar tu vida?

Durante unos segundos no sé qué decir. Entonces simplemente asiento con la cabeza.

CAPÍTULO 26

Jueves, 22 de diciembre de 2016
Hora: 18:00

David

Lo mejor que puedo hacer es dejar de mortificarme. Ha ocurrido y no se puede cambiar. Creo que es de las mejores lecciones que he aprendido en esta vida y hoy principalmente tengo que recordármelo.

Tras la aparición de Erik en la plaza de la Magdalena, Samuel rápidamente se despidió de nosotros y se fue hacia su casa. Elsa estuvo muy amable todo el trayecto que estuvimos andando juntos hasta que se despidió para irse también. No estoy acostumbrado a que una chica me coja del brazo, pero viniendo de Elsa no me importó porque la veo como una buena amiga y ella sabe cuáles son mis sentimientos por Sofía. Sigo preguntándome cómo pudo darse cuenta, pero como dice mi amigo Jon, muchas veces la cara expresa lo que siente el alma y no la podemos controlar.

Al final he llamado a mi tío Daniel desde el móvil mientras venía a casa. Le he preguntado por mi madre y mi hermano. Ella se despertó, estaba muy cansada y volvió a quedarse dormida. Le he dicho que me quedaré en mi casa. Me ha insistido mucho para ir a la suya, pero tras explicarle que tenía algo importante que hacer no me ha insistido.

Siempre he sentido una conexión especial con mi tío. Desde pequeño muchas veces simplemente nos mirábamos y creo que ya sabíamos lo que pensaba el uno del otro. Mi madre se había dado cuenta, y ante la falta de mi padre, me he ido dando cuenta de que ha tratado que mantengamos viva la relación con mi tío y su familia. No creo que mi madre se hubiese esperado que le iba a ocurrir a ella y que tuviéramos que pedir ayuda. ¿O quizá sí, y por eso nos habló la noche anterior? No importa en este momento, tengo que tomar mis propias decisiones y afortunadamente tenemos al tío Daniel para apoyarnos.

Me ha parecido muy buena la idea de Elsa de quedarnos cada uno en nuestra casa para conseguir más información. Creo que cada uno necesita estar solo, reflexionar y ordenar las ideas. Bueno, Samuel no tengo ni idea de qué hará. Sigue siendo una incógnita para mí. En el caso de Sofía y Erik quizá tengan otra prioridad, pero he decidido olvidarme de eso y concentrarme en el tema del «salto».

Como siempre el ordenador tarda en encenderse, cada vez que le doy al botón de arranque tarda más que la vez anterior. Me quedo mirando la pantalla mientras se ven un montón de cuadros de diálogo que se abren, se quedan visibles un rato, luego dicen que han acabado la tarea y finalmente se cierran. Y luego otro, y otro. Mientras lo miro me culpo a mí mismo de lo que tarda porque los informáticos siempre dicen que depende de la cantidad de programas que cargas en el ordenador. Cuantos más, y si se quedan metidos no sé dónde, entonces el ordenador irá más lento. La semana que viene me pongo a borrar programas.

Noto el silencio en casa. En el fondo es incómodo porque la razón de estar solo no es buena. Espero que mamá esté bien. Seguro que Marco se lo estará pasando estupendamente con las primas. En el fondo creo que le gusta la pequeña. Pero, ya se sabe, somos familia…

Mi cuarto sigue ordenado. La verdad es que toda la casa está siempre ordenada. Mi madre lo impone y somos incapaces de desobedecer. Por eso mi escritorio marrón claro no tiene ningún papel encima de la mesa. Todos los tengo en los cajones del mueble de debajo, incluso los bolis. Creo que, de la gente de mi clase, debo de ser el único con semejante mesa.

Para un extraño, lo que más le puede impactar de mi cuarto es lo simple que es. Solo tengo la cama detrás de mí, la mesa con un espejo enorme enfrente en el que me miro en cada momento y el armario a la derecha. La ventana, que la tengo a mi izquierda, me deja pasar toda la luz porque hace un par de años decidí que no podía tener ni cortinas ni persianas que taparan la vista del gran árbol de la calle de enfrente. Al vivir en un tercer piso, toda la vista me da a las ramas y hojas del árbol. Me encanta.

Por fin se enciende el ordenador portátil. La conexión wifi está correcta y todo preparado. Me miro las manos, no son como las de Nicola, las mías normalmente tocan teclas de ordenador y bolígrafos para trabajar. ¡Cómo han cambiado los tiempos! Hace años los chicos de mi edad ya estaban trabajando con herramientas ayudando a sus padres en el campo o en diferentes trabajos manuales. «Es parte del avance tecnológico», me repito cada vez que comparo. Estiro los dedos como si de un acto de protocolo se tratara ante el ordenador y, con una velocidad que mis propios compañeros se sorprenden, comienzo a dirigir mi búsqueda por Internet.

Lo primero que hago es abrir la nueva aplicación que estamos compartiendo en clase que funciona como una videoconferencia donde podemos estar hasta seis a la vez, viéndonos las caras, uno en cada esquina de la pantalla. De forma automática, compartimos ficheros, información y, sobre todo, para hacer bien la búsqueda, direcciones web. Tengo que lanzar la invitación a los cinco, aunque invitar a Erik no es lo que más me apetece en este momento.

Elsa ha aceptado la invitación inmediatamente y ya la veo en pantalla:

—Hola aquí estoy —me dice.

—Un momento, voy a ajustar el sonido con los altavoces —le contesto—. Normalmente lo tengo ajustado con los auriculares, pero hoy estoy solo y prefiero los altavoces.

—Yo te escucho y te veo muy bien —me responde Elsa.

Ajusto altavoces, volumen y brillo de la pantalla. Ella está en su habitación y lleva una blusa clara con lo cual le distingo muy bien la cara. Si estuviera mi madre aquí, le podría decir cómo el resto de mis compañeros tienen el cuarto desordenado. En fin, no es cuestión de acordarme ahora de mi madre.

—Perfecto, Elsa, alto y claro.

Sin decirnos nada, solo teniéndonos visible en un extremo de la pantalla comenzamos a teclear el ordenador. Por el sonido de sus teclas noto que ya estamos los dos navegando. Soy consciente que hasta que alguno de los dos no encuentre algo verdaderamente interesante no se lo dirá al otro y hasta ese momento, el único sonido será el de las teclas. Ni Samuel, ni Sofía, ni Erik están en pantalla, de hecho, no han aceptado la invitación.

Se oye de pronto el sonido de que se ha conectado alguien más. Pero no se ve imagen de nadie.

—¡Hola! —digo en el silencio de mi habitación—. ¿Quién se ha conectado?

Se escucha un ruido raro en los altavoces, como si alguien estuviera rayando una superficie de metal. Es estridente. ¡Qué desagradable!

—¿Quién anda ahí? —vuelvo a repetir al no oír a nadie.

—Hola. —Claramente identifico la voz de Samuel—. Es que se me ha caído todo al suelo, el ratón y el teclado.

—Pensaba que alguien estaba rayando algo —oigo la voz de Elsa a través de los altavoces.

—Sí, bueno… —comienza Samuel—, era uno de los gatos… Estaba tratando de dibujar un círculo en la pantalla del ordenador.

—¡Guau! —se oye a Elsa de nuevo.

—Ah, ¡no pasa nada! —contesta Samuel como si le hubiesen hecho una pregunta que le obligara a decir algo—, tengo una pantalla protectora que cambio cada mes.

Lo que veo es que no ha activado el vídeo, solo el audio. Lo único que veo de él en la pantalla es la foto que se ha puesto de presentación. Aunque más que foto, debo decir, dibujo. En un fondo negro tiene dibujado en color amarillo el símbolo de infinito, el típico número ocho acostado. No tengo ni idea de por qué ha puesto ese dibujo y me imagino que no ha activado el vídeo porque no querrá que veamos su casa. Me la imagino pequeña, pobre, muchas personas viviendo juntas… ¿Por qué digo esto? A veces me avergüenzo de mis pensamientos.

En fin, me dedicaré a lo que debo hacer.

Tengo muy claro por dónde empezar. Tecleo «sillar en Puerta de Valencia». Aparecen muchas direcciones y trato de ver rápidamente si hay algo especial. Para mí, el principio de todo esto está en el sillar porque fue lo que Sofía estaba observando cuanto la guía se le acercó en el museo y luego fue uno de los documentos que estaban en la cartera del padre de Sofía. Así que tiene que haber algo ahí.

Tras un rato de búsqueda, ya me he topado con la misma traducción del latín de las letras visibles en la parte izquierda del sillar. Todas hacen referencia a «Los que hacen la puerta que regresen a su patria». Dentro de lo fantasioso de todo esto, es lo único que tiene relación con el posible «viaje» a través del portal.

Introduzco las mismas palabras en inglés, francés y también en italiano. «Maravillosos estos traductores *on-line*». Y es cuando al final lo he puesto en italiano: «Porta romana», cuando aparece algo nuevo.

—Creo que he encontrado algo —digo al micrófono y noto que Elsa para de teclear el ordenador—. Os envío la dirección web.

Solo unos segundos después me responde Elsa:

—La he recibido y la estoy abriendo. —Se calla un momento y continúa—: Esto es nuevo… ¿los lares tutelares? ¿Qué es eso? —Noto que mira por encima el documento y luego dice—: Me pongo con ello.

No tengo ni idea de qué es eso. La dejo a ella investigar. Lo he encontrado en un estudio de una profesora de Historia de una Universidad de Madrid, y es precisamente sobre el sillar. Parece mentira que alguien se haya podido poner a investigar solo sobre una piedra. Pero en este caso, no me sorprende porque yo estoy totalmente intrigado, y no tanto por la traducción, sino por la parte derecha donde no se puede leer nada. ¿Cómo alguien pudo hacer eso? Dejaron las letras de la parte izquierda, aunque no todas se ven. En la parte derecha esculpieron algo. Luego lo «borraron», o como se diga cuando alguien destruye lo esculpido.

—¿Ves algo? —pregunto.

—Pues sí —me contesta Elsa mientras noto que está leyendo mientras me habla—. Aquí hay otra traducción de las letras de la parte izquierda del sillar. Te las escribo.

Oigo como teclea en el ordenador y presiona finalmente una tecla, que supongo será la de *Enter*. Acto seguido, recibo el texto:

«(Esta es la) Puerta de Roma. Los que la hacen se ocupan de labrar, y regalan (las imágenes de) los lares tutelares».

«César (hijo) del divino…».

Lo leo y pregunto:

—¿Qué significa eso?

—Ni idea —contesta Elsa.

En ese momento me suena el móvil. Miro la pantalla. Veo que es Sofía. Me da un vuelco el corazón. Noto que Elsa y Samuel han parado de teclear, solo se oye el sonido de mi teléfono.

—Hola, ¿qué tal estas? —contesto amablemente.

—¿Estás solo en casa? —oigo la voz de Sofía. Si estaba frío, me acabo de quedar helado.

—Sí.

—Te importa que vayamos, estoy con Erik y estamos cerca de tu casa. Lo mejor será que os cuente lo que sé, y hagamos la búsqueda pronto.

¡Falsa alarma! Ha vuelto con Erik. No puedo pensar todo el rato en lo mismo, ahora nos tenemos que concentrar en el «salto». No tiene sentido que estén cerca de mi casa porque ninguno vive en este barrio. No entiendo.

—Sin problemas —le contesto—. ¿Cuánto tardáis en llegar?

—Nada, estamos afuera.

En ese momento oigo el timbre de la casa sonando.

CAPÍTULO 27

Jueves, 22 de diciembre de 2016
Hora: 18:30

Sofía

He estado al menos quince minutos al otro lado de la puerta de mi casa. Me resultaba difícil abrirla. Ni siquiera introducir la llave en la cerradura porque ese simple detalle activaría todos los resortes en el finísimo oído de mamá. Cualquiera que me hubiera visto habría pensado que estaba loca. Me habrían observado apoyada detrás de la entrada que cruzo todos los días sin ninguna duda, con las llaves en la mano y simplemente mirando la cerradura.

El problema que tenía es que después de abrir la puerta y entrar no hubiese sabido qué decir. Podía haberme ido a mi cuarto sin decir nada a nadie. Podía haberme presentado en la habitación donde mamá estuviera y decirle todo lo que pensaba de ella. Decirle todas las palabras que ella llama malsonantes. Una tras otra. Hasta que entendiera cómo de mal me hizo sentir antes. Podía olvidar la última prohibición que me hizo e ir directamente al despacho de mi padre, abrir la puerta y rebuscar todo lo que me hubiese dado la gana.

Podía exigirle respuestas a todo lo que Erik había empezado a contarme.

Al final fui incapaz de abrir la puerta y me fui a casa de Erik. ¿Quién hubiera dicho hace unas semanas que yo iba a hacer lo que acabo de hacer? Mamá no se enterará, pero si alguna vez lo supiera, seré incapaz de explicárselo.

Ya ha pasado.

Ahora me tengo que esforzar en subir estos escalones. Me siento cansada. Ya solo me quedan dos pisos para llegar a tocar dentro de un momento un botón de timbre que siempre parece como si fuese nuevo. Siempre limpio, ordenado, como el interior de la casa.

No me lo puedo quitar de la cabeza. No hago más que pensar en lo que me contó Erik antes en la calle. Todo fue absolutamente increíble. Supongo que para él fue difícil contármelo, aunque por encima de eso, me imagino que lo más difícil fue primero creérselo.

Después del espectáculo que montó yéndose de malas maneras en mitad de la calle, acabó directamente en su casa. Según me dijo, se tumbó en el sofá sin encender la televisión y solo mirando al techo durante un buen rato, hasta que su madre se acercó y se puso a hablar con él. Era la primera vez que lo veía así de preocupado y triste, por eso a Erik no le importó contentarla y contestar sus preguntas. Parece que no había comentado en casa nada de que estaba saliendo con una chica y que se había enfadado con ella (creo que ese comentario no me gustó porque yo lo vi de otra manera, pero le dejé seguir sin interrumpirle).

No sabía en qué momento, ni con qué motivo, él pronunció mi nombre y apellido completo:

—Sofía Canizzaro.

Parece que la cara de su madre cambió completamente y, acto seguido, le preguntó:

—¿Sabes el nombre de su padre?

Según me dijo Erik, se acordaba perfectamente porque sabía que el apellido era italiano, ya que mi padre era hijo de emigrantes y, aunque el nombre de pila se lo había dicho yo solo una vez, como le pareció tan especial, se acordaba desde el primer día. Sabía que no era un nombre común en Zaragoza, pero sí en otros sitios.

—Augusto.

La madre hizo gestos de auténtico nerviosismo, se quedó blanca, se llevó las manos a la boca. Erik nunca la había visto tan nerviosa. La costumbre que tenía de tocarse el pelo cuando estaba seria, debió pasar a ser una acción inconsciente de apretarlo como si tratara de exprimirlo. Rápidamente fue a llamar a su marido y los dos se sentaron alrededor de Erik. Según me dijo, se le pasó todo el enfado por lo anterior al ver a sus padres actuar de esa manera.

Una vez estuve en su casa. Tienen todos los muebles de esas tiendas suecas y de colores muy claritos, casi blancos, pero sin serlo. Me lo imagino a él medio tumbado en el sofá con la vista perdida en la estantería de enfrente llena, más bien repleta, de libros, sin ninguna mesita entre el sofá y la estantería. Sus padres sentados en ambas sillas delante de él tratando de conseguir que la mirada de su hijo acabara directa en sus ojos.

Y ahora, en cambio, estoy entrando en casa de David con Erik para contarlo todo a David, Samuel y a Elsa que seguro están conectados por videoconferencia.

CAPÍTULO 28

Jueves, 22 de diciembre de 2016
Hora: 19:00

David

Todo esto ha pasado de una situación de locura a algo trepidante. Además, se nos está acabando el plazo que nos dio Nicola. Nos quedan solo unas horas para el amanecer del solsticio de invierno y no tenemos todo preparado.

Después de escuchar a Sofía, todo tiene sentido. Hemos decidido actuar inmediatamente. Estamos los tres en el salón aprovechando la gran mesa de madera de caoba oscura que mis padres compraron cuando se casaron. Sofía se ha puesto a buscar por Internet con el ordenador de mi hermano y Erik busca en su *tablet*. Samuel, no sé cómo lo ha hecho, pero ha aparecido en mi casa dos minutos después de abrir a Sofía y Erik. Supongo que me habrá oído hablar con ella por teléfono sobre que venían a casa. Pero ¿cómo ha venido tan rápido? Bueno, realmente no sé dónde vive, así que no puedo saber si ha sido lento o rápido. Ha conectado un teclado pequeño inalámbrico a la *tablet* que lleva siempre en la mochila y ahora no para de teclear. Elsa está conectada a través de la *vídeo* y ya tenemos varias cosas definidas, pero voy muy lento.

Erik ha empezado a contarnos lo sucedido en casa con sus padres, hasta cuando les dijo el nombre del padre de Sofía.

—... y le he dicho que no me contara nada más. —Me despierta Sofía de mis pensamientos.

—¿Cómo que no te contara más? —dice Elsa.

—Me preguntó si estaba relacionado con lo que nos está pasando estos días en la ciudad —contesta Erik mirando a Elsa a la cara; más bien la proyección de la cara.

Aunque estamos los cuatro alrededor de la mesa del salón, he conectado mi ordenador portátil a un sistema que tenemos en casa que, mediante sistema inalámbrico, enlaza el audio al equipo de sonido del salón y se proyecta el vídeo a la pared encima del sofá mediante un cañón que instalamos en el techo. Me parece un dispositivo muy bueno, que han empezado a vender este año y, como mamá es especialista informática, le gusta tener siempre los últimos dispositivos del mercado.

—Y ¿has aguantado a que estuviéramos todos juntos para escucharlo? —Oímos las palabras de Elsa por todo el salón.

Sofía no contesta, solo mueve la cabeza de arriba abajo.

—¿Podéis empezar a contarlo? —Nos sorprende Samuel con la pregunta mientras se levanta, se acerca al sillón individual que tenemos debajo de la ventana y, con una delicadeza que no le pega, se sienta poco a poco. Apoya las dos manos en el sillón y, con un pequeño giro de cabeza, se queda mirando fijamente a Erik.

Nos miramos los tres, estamos alucinados. Su figura es casi de risa con el abrigo largo abierto dejando ver los pantalones negros y un jersey negro también. Es curioso porque me lo imaginaba más gordo y con el jersey ajustado que lleva puesto hoy se nota que para nada le sobra grasa. Siempre le vemos con abrigos y ropa ancha y me había creado la impresión diferente a lo que estoy viendo hoy. Especialmente porque el abrigo tiene unas manchas en las mangas que le dan un aspecto bastante desaliñado.

Tiene los dos pies juntos en el suelo. Posición casi exagerada porque las rodillas se tocan entre ellas. ¿Quién se sienta así? Y las manos: una apoyada en cada brazo del sillón.

—¿Qué está pasando ahí? —se oye la voz de Elsa.

Nadie contesta. Samuel sigue mirando a Erik.

—¡Eoooo! —Se vuelve a oír la voz de Elsa.

—No pasa nada Elsa —respondo—, parece que nuestro amigo Samuel tiene algo que decirnos.

Tenemos los tres la vista puesta en su posición. Sí, parece distinto.

—Prefiero que Erik cuente lo que quiera —interrumpe Samuel con una leve sonrisa.

—¿Qué pasa? —dice Erik—. ¿Sabes algo que nos tengas que contar?

Erik se pone de pie y se apoya en el respaldo de la silla. Mira a Samuel con actitud desafiante.

—Sé que tus padres no vinieron aquí solo por el sol y el viento —suelta Samuel.

Sus palabras retumban en todo el salón. Incluso la cara de Elsa en la pared se ha transformado. Erik se pone a caminar hacia Samuel. No me gusta su actitud. Me pongo de pie entremedias de los dos.

—¿Os podéis sentar todos? ¡Joder! —suelta Sofía.

¡Dios mío! Menuda reacción. Es la primera vez que la oigo decir una palabrota. ¿La Sofía supereducada descubre su ser interior más desagradable cuando se pone nerviosa? ¿O es que lo que le ha contado Erik la está cambiando? Él se ha vuelto hacia ella y la mira con los ojos abiertos como nunca se los he visto antes. El silencio se puede cortar con una espada. Samuel ni se ha inmutado. Elsa, en la pantalla, sigue congelada. Me siento. Erik hace lo mismo.

—Nos puedes contar Samuel —comienza Sofía, hablándole, despacio, exagerando la vocalización con un tono que ya no muestra tanta simpatía como hasta ahora— qué es lo que sabes… —Se para un momento para mirar a Erik— … Y por qué lo sabes.

CAPÍTULO 29

Jueves, 22 de diciembre de 2016
Hora: 19:30

Sofía

Otra vez me ha vuelto a pasar. ¿Cómo he podido decir semejante barbaridad?

Primero le solté un grito con insulto a mamá en casa y, de nuevo, lo mismo. ¿Qué me está pasando? Siempre he tenido fama de ser la más educada. Mis padres me han educado así, pero... todo está evolucionando... y yo también. Me gusta ser rápida, que todo vaya seguido: una decisión tras otra. Pero no puedo faltar el respeto a los demás. Todo este asunto ya me ha superado.

Samuel ha conseguido que todos nos fijemos en él. Pensaba que era de esos frikis que quiere pasar inadvertido y quizá por eso me animaba a estar más cercana; eso y que nadie en clase quiere estar con él. Ese abrigo largo que siempre lleva le da un aspecto siniestro. Aunque hoy me he fijado cuando ha llegado en que se había peinado de nuevo. Creo que es la segunda vez que lo veo así.

—Perdonad. —Empieza Samuel hablando bajito y mirando al suelo.

Los chicos se mueven en sus sillas como si no encontraran la posición.

—Me parece que debería estar allí. —Se escucha la voz de Elsa.

Cruzo los brazos encima de la mesa y miro recto a la cara de Samuel.

—Los padres de Erik pertenecen a *Disequilibriums.*

Esto sí que no me lo esperaba. Pero ¿de qué está hablando? Erik se ha vuelto a poner de pie violentamente.

—Y tú... ¿cómo sabes eso?

Bueno, esto se pone emocionante. O sea que es verdad. Sus padres pertenecen a algo que no sé lo que es.

¿Sería eso lo que me iba a contar y yo rechacé hacerlo si no estábamos los cinco juntos? Y ahora, ¿cómo sigue todo esto? Estoy acostumbrada a tomar decisiones rápidas, pero en esta ocasión me voy a poner a un lado. Tendrán que resolver ellos solitos el conflicto.

Erik está totalmente colorado. Tiene los puños apretados. Como se había arremangado antes, se le notan todos los músculos del brazo tensos como una cuerda. Nunca lo había visto así. Parece que va a estallar.

—*Jävla skit!* —grita de pronto—. *Jävla skit!*[1]

Mientras lo dice poco a poco se va relajando. No sé lo que significará, pero ha servido para que se calmara.

—Ahora mismo —comienza Erik hablando hacia la mesa— me da igual lo que sabes y cómo lo sabes. Quería habérselo contado a Sofía hace mucho rato, pero ella decidió que tenía que ser delante de vosotros.

Se levanta poco a poco. Se ha debido de cambiar de nuevo y lleva un pantalón de pana marrón claro que le queda muy bien combinado con botas. Encima de una camiseta *beige* se ha puesto una camisa típica de leñador, de esas a cuadros grandes rojos y blancos. Al acercarse a la ventana y contemplar el árbol de afuera es como si realmente estuviera en un bosque a punto de iniciar su trabajo. Solo le fala el hacha. Con las dos manos en los bolsillos y apoyado un poco en el cristal, comienza a hablar.

—Es verdad, hoy me he enterado que mis padres no eligieron venir a vivir a esta ciudad solo por el viento y el sol. Había otra razón.

¡Esto sí que es nuevo! ¡Joder! Cada momento esto toma otra dimensión. Me estoy arrepintiendo de no haberlo escuchado antes de venir aquí.

---

[1] «A la mierda» (traducción del sueco).

Samuel se levanta del sillón y se acomoda junto a David y a mí, alrededor de la mesa.

—Según me han dicho —continúa Erik—, ambos pertenecen a un grupo que se ha ido extendiendo por muchas ciudades del mundo desde hace solo dos años.

—Todo empezó —le interrumpe Samuel y consigue que nos volvamos todos menos Erik a mirarlo— cuando alguien, en 2011, lanzó la idea de que esta crisis mundial era diferente a las demás.

Mira —sigue Erik, sin cambiar la vista a través de la ventana y con voz pausada y a la vez severa— no sé cómo lo sabes, pero dado que he empezado, prefiero que me dejes acabar.

Veo la cabeza de Samuel asintiendo sin decir ni una palabra.

—Esa persona —continúa Erik, lanzó la idea de que esta crisis estaba basada en el desequilibrio que se estaba produciendo. Desequilibrio en la propia naturaleza, con la explotación masiva de las materias primas, contaminación, uso del agua… Desequilibrio social, económico y sobre todo lo que él llamaba *desequilibrio integral*.

Se para un momento y girándose hacia nosotros, dice:

—Esto último, según el grupo, ha jugado un papel fundamental en la crisis, que ha empezado como financiera y luego ha tenido efectos sociales brutales y que, a día de hoy, seguimos viviendo.

Se sienta con nosotros también alrededor de la mesa.

—Para ver las causas de ese desequilibrio esa persona se fue a investigar en el pasado registrado, sobre todo en la historia de Europa, desde los griegos y romanos. Y ahí fue cuando encontró lo que hemos descubierto en los últimos días.

—La disposición geométrica de la ciudad de Zaragoza y sus vinculaciones con el sol —le vuelve a interrumpir Samuel, pero esta vez, Erik no se molesta.

—Según me han contado mis padres —continúa Erik—, toda la investigación se basó en cómo el diseño de una ciudad podía estar basado en un supuesto equilibrio y cómo eso podía influir en sus habitantes. También cómo ese equilibrio, que los romanos diseñaron con el *Cardus* y el *Decumanus,* afectaba al resto.

—Y ¿quién lo organizó todo? —pregunta Elsa.

—¡Espera! —le dice Erik mirando a la pared donde está la imagen de Elsa—. Lo que hizo esta persona fue inmediatamente compartir a través de sus redes el hecho y pronto se constituyó el grupo.

—Pero —se interesa David—, ¿quiénes formaban el grupo?

—Principalmente eran personas que vivían en ciudades donde el diseño estuviera basado en un *Cardus* y un *Decumanus*. Nunca habría pensado que hubiera tantas, no solo en Europa, sino también en el norte de África, en Sudamérica y en varias ciudades importantes de Estados Unidos, donde tienen ese diseño.

—Vamos —suelto lo primero que se me ocurre—, que eran como una secta.

Erik frunce el ceño y se cruza de brazos en la mesa. Me parece que mi comentario no ha sido afortunado.

—No, no era ni una secta ni un grupo secreto. —Creo que se ha molestado, no le volveré a interrumpir—. Simplemente un grupo de trabajo de diferentes personas que rápidamente se pusieron a compartir cómo sus ciudades habían superado las anteriores crisis, como se podría superar esta, cómo se podría evitar la siguiente.

—¿Cómo se llama el grupo? —pregunta David.

Erik levanta la vista hacia Samuel y asiente.

—Disequilibriums —contesta Samuel.

¡Era eso, el nombre de un grupo! Cuando lo ha mencionado antes Samuel no sabía a qué se refería. Miro la cara de los demás y estamos todos igual de boquiabiertos mirándolo fijamente.

—Como cualquier otro grupo en las redes sociales —continúa Erik rápidamente—, se tuvieron que poner un nombre y fue ese. Casi todos eran profesionales de diferentes áreas, no solo historiadores, que, en un afán de unir sus esfuerzos en algo común, se pusieron a pensar juntos. No había más organización que cada uno iba aportando la información que encontraba, la compartía y entre todos la mejoraban y trataban de elaborar lo que acordaron todos llamar «La guía del equilibrio».

—No os oigo —dice Elsa—, ¿podéis hablar más alto? ¿O más cerca de donde esté el micrófono?

Dado que estamos haciendo la *vídeo* desde el ordenador de David, este aproxima su portátil más cerca de Erik.

—La guía del equilibrio —repite Erik y mira la imagen de Elsa hasta que esta asiente con la cabeza.

—¿Hay algo que no entiendo? —Se escucha de nuevo la voz de Elsa.

—¿Qué? —Noto la voz de Erik casi molesto por haberle interrumpido.

—Cuando lo ha mencionado antes Samuel me ha surgido la duda y mientras continuabais hablando he revisado los diccionarios de inglés.

En silencio miramos cómo la imagen de Elsa en la pared mueve las hojas de un libro que tiene en sus manos.

—La palabra «disequilibriums» no existe —continúa—, el plural de «disequilibrium» es «disequilibria».

Me encanta mi amiga, siempre tan perfeccionista.

Hemos vuelto la cabeza todos hacia Erik, esperando en silencio la respuesta.

—¡Desde luego que eres observadora, Elsa! —comienza—. Tienes toda la razón. Mientras mi padre me estaba contando esa parte de la historia, mi madre le interrumpió cariñosamente para explicar eso.

—¡Muy bien, Elsa! —David se ha emocionado con el momento. Cómo me gusta su expresión cuando está alegre.

—Según me dijeron —continúa Erik—, «disequilibria» es el nombre que le iban a poner, pero se dieron cuenta que ya estaba siendo utilizado en las redes para otras cosas. Así que, a pesar de algún lingüista que había en el grupo, todos aceptaron usar una palabra que, aunque no existiera, pudieran incluso reservar los dominios URL en Internet.

La cara de Samuel es divertida. Ha debido de buscar en la *tablet* y ahora está mirando la pantalla moviendo la cabeza como dándole la razón al dispositivo.

—Es verdad. —Se escucha su voz muy bajita—. No me había dado cuenta.

Creo que se ha sentido decepcionado consigo mismo por no haberlo descubierto antes. Me encanta esto. Cada momento vamos descubriendo un poquito más de todos.

David le da un par de palmadas suaves en la espalda y le sonríe.

—Os puedo decir —continúa Erik— que, cuando mis padres comenzaron a relatar esta parte, se emocionaron. Se interrumpían el uno al otro continuamente, pero siempre para aportar algo nuevo sobre lo anterior. No se enfadaban entre ellos, cosa que sí les suele ocurrir continuamente con otros temas cuando uno empieza algo y el otro le interrumpe.

—¿Cuánto tiempo llevaban con esto? —le pregunto interesada.

—El trabajo había comenzado hacía un año, y ellos se habían unido desde Suecia, no porque su ciudad hubiese sido diseñada con un *Cardus* y un *Decumanus,* sino porque trabajaban con proyectos para aprovechar el aire y el sol en su país, y en alguna de las redes sociales en que estaban aparecieron conectados con otros miembros del grupo a través del concepto del equilibrio a través de los cuatro elementos de la naturaleza: aire, agua, tierra y fuego.

—Pero —dice Samuel—… algo cambio todo, ¿no?

CAPÍTULO 30

Jueves, 22 de diciembre de 2016
Hora: 20:00

David

No sé bien que es lo que más me está sorprendiendo, si la propia historia o el hecho de que Samuel lo supiera. Después del momento de tensión, la situación ha mejorado. Me he relajado para escuchar algo que hasta ahora me está impresionando. Me gusta este tipo de intriga, es casi de película.

Pensaba que Sofía iba a intervenir, pero sorprendentemente no está tomando la iniciativa. En cualquier otro momento anterior apuesto a que ella estaría dirigiendo todo esto. No sé qué le pasa. De todas maneras, sigue estando guapísima.

—Pues sí, Samuel —continúa Erik—, antes del verano del año 2015 todo el grupo Disequilibriums tuvo un giro de timón muy importante en la investigación que hacían y compartían.

—¿Qué pasó? —Se me escapa casi sin pensarlo.

—El iniciador lanzó la idea de la ciudad sagrada de Zaragoza y, sobre todo, el *Cardus* y *Decumanus* girados. Eso revolucionó el grupo. Según me comentaron mis padres, a partir de ese momento el tráfico de comunicaciones entre los miembros del grupo se multiplicó por cien y muchas personas más se empezaron unir, alguno incluso de Asia.

—¡Guau! ¡Qué pasada! —Se oye la voz de Elsa—. ¡Cómo me hubiese gustado haber vivido eso!

Sin quererlo ha dicho lo que creo que el resto pensamos, aunque no nos atrevamos a decir.

—A partir de ese momento, mis padres comenzaron a trabajar mucho más porque fueron los que informaron al grupo de que en París se producía el mismo efecto.

—¿En Paris? —se sobresalta Samuel y se pone directamente a buscar algo en Internet con la *tablet*.

Noto una leve sonrisa en la cara de Erik. Hay algo que Samuel no sabía. Se acaba de hinchar de orgullo.

—A partir de ese momento contactaron directamente con el iniciador del grupo: Augusto Canizzaro.

Miro a Sofía. Su cara es una mezcla de expresiones y sentimientos que realmente es imposible de interpretar. Se mueve en la silla. Busca una forma de sentarse, pero no la encuentra. Finalmente, se pone de pie y se va a sentar al sillón donde estuvo Samuel antes.

—Según me comentaron, se debió de establecer una relación muy cercana entre el padre de Sofía y los míos.

—¡Madre mía! ¿Pero qué estáis diciendo? —dice Sofía, alarmada.

Nadie dice nada. La mirada de Erik y Sofía está totalmente unida. Ella está blanca, no parpadea siquiera. La cara de él es una mezcla de pena y de temor. Me parece que está decidiendo si seguir o pararse.

De pronto, Sofía vuelve en sí, parpadea rápidamente y, con un movimiento leve de cabeza, nos mira a todos. Finalmente se queda fija observando a Erik y, como si fuera un movimiento esperado, asiente con la cabeza.

—Más tarde me dijeron —dice Erik y se para un momento hasta que Sofía de nuevo le indica con la cabeza que siga— que la propia madre de Sofía tenía un papel importante, pero no se lo podían desvelar todavía.

La cara de Sofía está totalmente desencajada. Erik le hace un gesto como si le preguntara si acaba el relato. Sofía se levanta de nuevo, se acerca a la mesa, se sienta en la silla de antes, se lleva las manos a la cara, se frota. Deja la cara libre y, mirándolo, le hace señas para que siga.

—Esa relación especial derivó en que Disequilibriums se hiciera más potente porque muchas personas que vivían o habían vivido en ciudades diseñadas con *Cardus* y *Decumanus* parecían tener más predisposición a encontrar soluciones para restablecer el equilibrio.

Erik adopta una posición como más rígida y levanta la cabeza mirando a ningún lado.

—Justo antes del verano, el padre de Sofía informó a mis padres de que, en sus vacaciones familiares, y por pura casualidad, había encontrado tres ciudades más de Europa donde el *Cardus* y el *Decumanus* estaban girados: Londres, París y Bérgamo. Aunque en ninguna ocurría exactamente lo del rectángulo solsticial de Zaragoza.

—¿Qué has dicho? —Se oye a Elsa.

Erik se gira hacia la pantalla y, poniéndose las manos a los lados de la boca como si fuera un altavoz, repite:

—LONDRES, PARÍS Y BÉRGAMO.

—No me diréis si todo esto no es increíble —suelta Sofía, como si le saliese de lo más profundo.

—En París, de hecho —continúa Erik—, había varios *Decumanus* y un *Cardus* principal. Una de las personas que se había unido al grupo comentó que, dependiendo del *Decumanus* que se escogiera, con un extremo en Montmartre y otro en Montparnasse, la propia catedral de Notre-Dame podría ser identificada como el cruce.

—Desde Londres —continúa Samuel—, uno de los miembros del grupo expuso el diseño romano de la ciudad y, aunque es verdad que estaban girados el *Cardus* y el *Decumanus,* no eran totalmente rectos como en las otras ciudades, pero lo que sí destacaba era su posicionamiento respecto al río Támesis.

Erik le hace una seña a Samuel para que pare de hablar y él sigue:

—Y la tercera ciudad que Augusto Canizzaro encontró con el *Cardus* y *Decumanus* girados fue Bérgamo, una pequeña ciudad italiana y cercana a Milán. Había que ser muy observador para darse cuenta, pero como la parte antigua se conserva muy bien, la torre que se encuentra en el cruce de ambas líneas facilitó que él encontrara la conexión.

—Hemos estado en las tres —interrumpe Sofía, llevándose las manos a los ojos—, dos veranos seguidos.

Ni me puedo imaginar todo lo que estará pasando por la cabeza de Sofía.

—El verano del año pasado —comenta Erik mientras le muestra una leve sonrisa a Sofía— todos los miembros de Disequilibriums sabían dónde Augusto Canizzaro iba a pasar las vacaciones con su familia. A todos les comentó que tenía planificadas una serie de gestiones en cada una de las tres ciudades.

Samuel pone las manos encima de la mesa y dice:

—Yo solo sabía hasta aquí, del resto no tengo ni idea.

Ya ni le hacemos caso a Samuel, queremos que Erik continúe y supongo que Sofía querrá saber cómo era.

—El problema vino después del verano. Las comunicaciones de Augusto Canizzaro disminuyeron en número. Eso no significó que el grupo dejara de trabajar, era un grupo especial porque trabajaba en red y, si un miembro no estaba o faltaba, el propio grupo asumía la falta y mejoraban en las áreas que ese miembro aportaba.

Señala su *tablet* donde tiene fija las fotos de las imágenes que Sofía encontró en el maletín de su padre.

—Entre el verano y Navidad del pasado año, las dos comunicaciones que hizo el padre de Sofía fueron referentes a geometría sagrada.

—¿Qué? —soltamos Elsa y yo a la vez.

¡Acabábamos de descubrir esos temas! Cada vez estamos más cerca de la situación. De reojo, miro a Samuel. Me parece notar por un gesto insignificante, que estoy seguro él nunca reconocería, que se le abrieron más los ojos. Pero nunca podré probarlo porque se volvió a su estado neutro, por decir una expresión, en cuestión de segundos. Que tío más raro. Ha pasado de ser el protagonista sentado en el sillón a una figura pasiva sentada en la mesa.

—Pero ahora viene lo más chocante… —dice Erik mirando a Sofía a la cara.

Ella está rara desde hace un rato. No para de tocarse el pelo. Está preciosa. Toda la luz de la ventana ilumina su cara y…

¿Qué estoy pensando?... Si vuelvo a tener cero posibilidades después de esta reconciliación que estoy viendo entre los dos. Me resignaré... al menos durante un tiempo.

—... Mis padres investigaron sobre todo eso e intentaron contactar con Augusto, pero no hubo éxito, y desde el 23 de diciembre de 2015 no saben nada más de él.

¡Dios! ¡Qué momento! Ese fue el día que desapareció el padre de Sofía. Se está llevando las manos a la cara. Apoya la cabeza contra la mesa. Nadie habla. Incluso Samuel la está mirando. Me giro a la pared y la imagen de Elsa no hace más que moverse sin sentido de un lado a otro de la pantalla; es lo que hace cuando está nerviosa.

—Por eso decidieron venir a Zaragoza, para tratar de seguir su pista —sentencia Sofía todavía con las manos en la cara, pero suficientemente alto para que todos la escuchemos.

—De hecho —nos sorprende a todos Samuel hablando en ese momento tan especial—, se han reunido varias veces con la madre de Sofía.

Cualquier signo posible de simpatía ha desaparecido de las caras de Sofía y de Erik a la vez. Miran con los ojos completamente abiertos al que hoy ha tomado por alguna circunstancia la decisión de peinarse.

—Más vale que te expliques porque me estoy cabreando —dice Sofía.

Samuel le pide a Sofía que se calme con las manos. Ahora es él quien se pone de pie, pero para sentarse de nuevo en el sillón.

—Yo también pertenecí a Disequilibriums.

Se oye una ambulancia pasar por la calle. Las bocinas de los coches sonando como locas, supongo que para que se aparten y dejen pasar al vehículo de urgencias. Quiero estar abajo en la calle viendo el espectáculo y no aquí en esta habitación. No sé si quiero seguir escuchando. Siento una mezcla de enfado y curiosidad. Aspecto desagradable y con cosas por descubrir. Del tipo friki al tipo misterioso... En el fondo me da envidia.

¡Ya me gustaría tener algo oculto y poder soltarlo algún día para impresionar a mis amigos!

Sofía y Erik parecen dos figuras de hielo. Ni se han inmutado con la última frase de Samuel. O no les ha sorprendido nada o están tan enfadados que no quieren mostrar sus sentimientos. El problema es que ahora los noto como más juntos, más conectados. ¡Mierda!

De pronto se oye un ruido enorme, como de un trueno que estallara justo encima de la casa. Nos ponemos todos de pie, corriendo hacia la ventana para ver qué pasa.

Nada, la ambulancia ha pasado. El tráfico vuelve a ser el mismo de antes. Todo normal. El ruido vuelve a ser más fuerte. Suena como una ametralladora de rayos cayendo uno tras otro, impactando y rompiendo cosas. Estamos como locos moviéndonos por el cuarto sin saber qué ocurre. A través de la puerta abierta me asomo y no veo nada en la casa. Samuel se ha puesto debajo de la puerta. Erik nos ha agarrado a mí y a Sofía para ponernos debajo del dintel de la puerta como si se estuviera preparando para un terremoto. Sofía no hace más que mirar de un sitio para otro, desorientada.

Inesperadamente suena un ruido fortísimo y vemos que el cuarto se ilumina. Afuera se ha nublado con lo cual no viene del exterior. Ninguno ha encendido las luces del salón, cuando me giro veo a Sofía desencajada señalando con el brazo la pared.

En mitad del ruido fortísimo nos juntamos de pie junto a Sofía, que se sienta en la silla viendo la pantalla donde antes estaba Elsa. Hasta Samuel se ha quedado boquiabierto.

—¿Estáis viendo lo mismo que yo? —Se oye la voz de Elsa, pero no vemos su imagen.

Donde antes veíamos lo que recibíamos a través de la webcam de Elsa, ahora se observa en la pantalla proyectada sobre la pared la imagen de un hongo atómico, de esas que ponen en los documentales para ilustrar cómo es una explosión nuclear. El sonido sigue siendo ensordecedor. Sofía me ha cogido la mano y me la está apretando. ¡Dios! No entiendo nada, ni de lo que estoy viendo en la pared ni de lo que estoy sintiendo con este contacto.

No nos da tiempo a contestar a Elsa porque la imagen cambia repentinamente. El ruido ha desaparecido. Sobre un fondo negro, podemos leer unas letras grandes en color blanco:

ABANDONAD LO QUE ESTÁIS HACIENDO

Si eso es sorprendente, lo que realmente hace que incluso Sofía se ponga de pie violentamente y me suelte la mano es el signo que estamos viendo debajo de las letras. Se oye la voz de Elsa por los altavoces.

—¿No es ese el signo del infinito, con el mismo tipo y color que Samuel tiene en su perfil de videoconferencia?

Samuel se aparta rápidamente de nosotros hacia la pared y, por primera vez desde que lo conozco, aparece el miedo en su cara.

CAPÍTULO 31

Jueves, 22 de diciembre de 2016
Hora: 20:30

Sofía

No puedo dejar de pensar en Samuel mientras preparamos la comida. Los últimos veinte minutos han sido de lo más tenso. Se ha quitado el abrigo largo y, sin él, no aparenta estar tan gordo como había creído. Lo cierto es que incluso está algo musculoso, pero como siempre va encorvado y con ropa larga nunca me lo había imaginado así. Tengo que centrarme porque si no me cortaré los dedos con este cuchillo tan afilado.

Cortar zanahoria encima de una tabla de madera no es difícil, pero hacerlo rápido como estoy acostumbrada pasa a ser actividad de riesgo si no estoy concentrada.

No paro de recordar lo que nos acaba de suceder. Después de que apareciera la frase con el ruido y Samuel casi se cae de miedo, volvió la imagen de Elsa en la proyección. Hubo un rato de silencio donde nadie se atrevió a interrumpir. David se puso a dirigirnos a todos, de pie, y le dijo a Elsa que se viniera rápidamente a su casa, que tenía comida en la nevera y prepararíamos algo todos juntos. No paré de mirarle durante el rato que nos organizó. Me gustó mucho cómo lo hizo, necesitábamos a alguien que dominara la situación en ese momento, y David se encargó de ello. No es normal en él, así que reconozco que me impresionó. En el fondo, me sentí muy segura a su lado.

No suele tomar la iniciativa, pero desde que ha pasado lo de su madre, está diferente. Ha servido para romper el bloqueo que nos había surgido, y ahora entre los dos nos hemos puesto a cocinar unas tortillas y unas ensaladas. Ninguno ha comentado nada. Ha sido como un acuerdo en silencio para no seguir hablando hasta que estemos los cinco juntos.

Miro a David al lado y noto que está acostumbrado a estar en la cocina. Erik y Samuel deben de estar en el salón poniendo la mesa. Espero que sea lo que estén haciendo y no se pongan a discutir. No oigo nada, así que supongo que hay paz.

De pronto oigo un sonido musical que viene de algún sitio de la casa.

—¿Qué es lo que se oye? —le pregunto a David.

Hace un gesto levantando la cabeza como si acercara el oído hacia donde viene el sonido.

—Debe de ser Erik. Antes ha visto la dulzaina de mi hermano que estaba por el salón y como no la conocía, le he enseñado cómo tocarla con las notas principales.

Se calla para volver a escuchar.

—Pues la verdad es que la toca bastante bien.

—Sí, sí —le respondo mientras sigo con lo que estaba haciendo—. Te lo he preguntado porque me gusta.

Volvemos los dos a las labores de cocina que cada uno estaba haciendo en silencio. Por la ventana se ve la ciudad gris después de la lluvia. La nube negra que antes casi nos deja a oscuras, ahora tiene algo más de claridad. Veo a los vecinos de enfrente que están descolgando la colada demasiado tarde. De pronto, noto que David va a romper el silencio.

—Me ha gustado cuando me has cogido la mano.

Las palabras de David suenan a mi lado mientras está batiendo los huevos y mira directamente a la sartén con el aceite hirviendo. ¡Es verdad! En el momento de tensión le cogí la mano y ahora soy consciente de que se la apreté. No sé qué habrá supuesto para él, pero me está pareciendo que ese comentario ha sonado a lo que creo que ha sonado. ¿Por qué le cogí la mano? Fue un acto instintivo… ¿o no?

—Gracias, David —le digo lo primero que se me ocurre—, tenía mucha tensión.

—Siempre que quieras. —Me gira la cara y me sonríe.

¡Oh, oh! Me parece que acabo aumentar más el conflicto. David es mi amigo desde niños y lo aprecio mucho. Es buen chico. También es verdad que se ha hecho mayor y tengo que reconocer que es bastante atractivo. Nunca lo he visto como algo más que un amigo. Es alto, tiene cuerpo atlético y camina con un estilo propio que siempre me ha parecido especial: a la vez seguro y a la vez como si en cada paso que da observara todo con curiosidad a su alrededor. Me hace gracia que lleve tanto flequillo que le obliga a estar casi todo el día apartándoselo de la frente con la mano. Siempre lleva jerséis finos y holgados que le dan una caída muy elegante. Aunque la combinación de colores con los pantalones no suele ser su fuerte, la verdad es que le queda bien, y eso hace que varias de las chicas de clase le miran bastante. Yo hasta ahora siempre lo he visto como un amigo… aunque he de reconocer que nunca lo había visto trabajando en la cocina y está muy guapo… Pero en este momento tengo una relación con Erik y no quiero estropearlo.

—Gracias por ser mi amigo —digo girando la cara y mirándolo a los ojos.

De pronto deja el plato y el tenedor en la encimera y, sin que yo haga nada, acerca su cara a la mía. Me mira. Soy incapaz de soltar lo que tengo en mis manos. Yo también lo miro. Como si fuera un baile suave, mueve sus manos hacia arriba. Me siento bien. Ahora tengo sus manos sosteniéndome los dos lados de la cara con firmeza y sus labios en contacto con los míos. No sé lo que está pasando, mi mundo se gira a su alrededor, siento un nudo en el estómago y a la vez un sentimiento de paz. Noto cómo su boca se abre y yo hago lo mismo con la mía. El contacto ya es máximo. Lo siento por entera. Mi corazón late a mil por hora. Noto sus manos. Me gusta. Con los ojos cerrados solo lo estoy sintiendo a él. ¿Qué me está pasando?

Pero algo vuelve a mi mente y, soltando lo que tenía en mis manos, las utilizo para apartar las suyas de mi cara con mucha delicadeza y dejar de besarle. Me separo un poco de él. Noto que se ha sonrojado, baja los ojos y vuelve a seguir batiendo huevos.

—Lo siento. —Le oigo decir entre dientes mirando al plato.

No sé qué decirle. Mi corazón se ha tranquilizado un poco, parecía que iba a estallar. Me acabo de meter en un lío increíble. No porque Erik nos haya visto, ya que lo oigo ahora reírse con Samuel en el salón, sino porque… me ha gustado.

Esto no puede ser, David es mi amigo de la infancia. Esto no puede ocurrir, estoy saliendo con Erik.

Creo que acabo de entender su comportamiento extraño en las últimas semanas. ¿Cómo no me había dado cuenta antes? ¿Lo habrán notado los otros? Voy a poner algo de racionalidad en esto.

—No pasa nada —digo también en voz baja mientras miro los trozos de verdura ya cortados—, estamos bajo mucha tensión.

Ha dejado de batir. Se ha quedado quieto mirando el plato. Se gira para mirarme por un segundo donde solo puedo distinguir un brillo en sus ojos que nunca antes había visto. Vuelve con lo que hacía antes y yo me dedico a completar la ensalada en el plato grande que me ha dejado.

Suena fuerte el timbre de la casa.

—¡Erik, Samuel! —grita David hacia el salón—. Por favor, abrid a Elsa, yo no puedo, tengo las manos ocupadas.

CAPÍTULO 32

Jueves, 22 de diciembre de 2016
Hora: 22:00

David

Y así parece que termina Erik de contar la historia.

No he podido mirar la cara de Sofía en toda la comida. Me he sentado justo a su lado para no tener que hacerlo. Ella tampoco se ha girado hacia mí. Lo que ha pasado antes en la cocina aún no sé por qué ha ocurrido. Llevo todo el rato preguntándomelo. Si me hubiese dado una bofetada después del beso, supongo que me habría quedado más tranquilo. Pero no lo hizo.

Para mí fue algo incontrolado. En el fondo ella tenía razón: toda la tensión de antes. Por un momento pensé que podría llegar a ser el fin. Y la tenía ahí mismo, junto a mí. Y además me dice que le gusta que sea su amigo. Creo que pensé que era lo último que podía hacer antes de que el mundo estallara. Y lo hice. Me he avergonzado bastante desde ese momento, pero ella no me rechazó al principio. La sentí. La sentí mucho.

—David. —Veo a Elsa enfrente de mí, moviendo la mano derecha de un lado a otro—. David, ¿dónde estás?

Abro los ojos al máximo. La miro primero a ella. Luego paseo la vista por todos en la mesa hasta terminar en Sofía.

—Disculpad. —Me vuelvo de nuevo hacia Elsa—. Me he empanado.

Se ríen todos… menos Sofía.

Nos levantamos para retirar la mesa. Samuel la limpia con una bayeta y en cuestión de segundos estamos todos de nuevo con los ordenadores portátiles y las *tablets* encima de la madera.

Me quito de la cabeza el asunto de Sofía, tengo que ser fuerte y serio. Tenemos un tema bastante complicado entre manos que requiere que el grupo trabaje unido.

—Creo que os debo una explicación —comienza Samuel.

—Antes de que digas nada, Samuel. —Sofía muy recta en la mesa y con las manos cruzadas dice—: Queda claro que alguien se ha metido en nuestra conversación de videoconferencia antes.

Pues es verdad. Con toda la movida de los ruidos, la frase, el tema de Samuel, no me había percatado que es la primera conclusión que deberíamos sacar. No sé cómo lo han hecho, pero había alguien más allí.

—¿Le disteis a alguien más los datos de la conexión de la *vídeo*? —pregunta Sofía, inquisitiva.

Creo que, sin querer, nos hemos ido todos a mirar a Samuel a la cara.

—No, no y no. —Se ha puesto nervioso, se siente atacado—. Dejad de mirarme. Yo estaba aquí con vosotros y no he iniciado la sesión.

¡Qué caradura! Ahora las culpas se desplazan a mí y a Elsa. No me voy a molestar en responder, no aporta nada.

—Yo lo he hecho como siempre —dice Elsa—, y nunca antes he tenido problemas así.

Me levanto rápidamente y, con dos pasos, alcanzo el *router* de conexión wifi que tenemos en la casa. Me giro hacia ellos. Me están mirando todos. Con la mano derecha, para que todos me vean, apago el botón de encendido del *router* y todas las lucecitas del aparato desaparecen.

—Ya no tenemos espías —digo mientras me siento de nuevo—. Ahora cada uno que se conecte a Internet con los datos de su móvil.

Supongo que dentro de un tiempo me acusarán de haberme comportado como un chulo, pero me da igual. No estoy dispuesto a que me acusen en mi propia casa de tener espías.

—Alguien nos está observando —comenta Sofía de nuevo—, esto ha cambiado nuestra posición en el juego.

—Y desde luego —completa Elsa la frase—, ese alguien no quiere que sigamos haciendo lo que hemos empezado.

—En mi caso —dice Erik—, han conseguido lo contrario a lo que pretendían. Ahora sí estoy interesado en seguir. —Se gira hacia Sofía y le coge la mano. Se me revuelve el estómago—. Lo cierto es que cuando antes nos han interrumpido os quería recitar el último mensaje que recibieron en Disequilibriums del padre de Sofía: «Estoy convencido de que el verdadero Disequilibrium viene pronto a esta ciudad. Voy a viajar para tratar de solucionarlo. Deseadme suerte».

La cara de Sofía se ha descompuesto. Creo que todos estamos sacando las mismas conclusiones.

Erik se queda un momento callado mientras mira las dos manos entrelazadas que, por un momento, he pensado que era un mensaje hacia mí. Sofía no hace nada. Erik continúa hablando sin desviar la mirada.

—Después de ese mensaje, le enviaron varios, pero nunca obtuvieron respuesta. No sabemos nada más. —Sofía suelta la mano de Erik.

En este momento si corriera la electricidad entre el grupo y nos diéramos las manos, podríamos encender una luz. Nos miramos unos a otros. Incluido a Samuel, repeinado, a quien dirijo una sonrisa. Un asentimiento de cabeza nos está sirviendo en este preciso momento para comunicarnos. Que sí. Que estamos unidos y precisamente la aparición de alguien que nos quiere frenar nos da más fuerza.

—Creo que todos, sin decirnos nada —interrumpe Elsa el silencio—, hemos unido la información y aún creemos más a Nicola.

Nadie le responde, pero todos asentimos con la cabeza. Sin que se dé cuenta, miro de reojo a Sofía, sus labios. No puedo olvidar el beso. Me distraigo solo con su presencia. Pero tengo que ser serio, no me puedo meter en medio de una relación de pareja que existe y que además son mis amigos... o eso me tendré que decir cada día que piense en ella.

—«Cada uno tiene una misión». —La voz de Erik consigue hacerme volver a la realidad—. Recordad lo que nos dijo Nicola: «La vuestra es solucionar el problema y parte de la mía es vigilar... la otra parte os la diré cuando volváis». Cuando terminó de decirlo pensé que estaba más loco de lo que había creído la primera vez... —Se calla un momento—: ... pero ahora estoy convencido de que sabe más incluso de lo que nos ha contado.

Recuerdo que aquella respuesta nos dejó parados ese día, pero hoy no hacemos más que recordarla. Ha pasado a ser parte de la misión. Estamos dispuestos, vamos a saltar. Solo que nos falta todavía lo de la música.

—Todavía —empieza Samuel a hablar y no sigue hasta que todos lo miramos— nos falta solucionar lo de la música.

¿Qué pasa? ¿Samuel tiene capacidad de leerme el pensamiento? A no ser que todos estuviéramos pensando en lo mismo y fue el primero que se atrevió a hablar.

—Según dijo —lee Elsa de una libreta pequeña que ha puesto encima de la mesa—, hay que situarse en la Puerta Este y, cuando empiece a salir el sol, pronunciar las palabras escritas, y luego hay que llegar al cruce del *Cardus* y el *Decumanus* cuando justo le dé la luz del amanecer...

—... en ese momento —completa Erik la frase—, si suena la música que abre el portal, este se abrirá y podremos entrar...

—... a partir de ahí —como si fuera un juego encadenado sigo yo—, es objetivo nuestro el encontrar las respuestas y las razones por las que se ha roto el equilibrio para tratar de solucionarlo...

—... porque —sigue Sofía y consigue que todos sonriamos—, según volvió a insistir, no podemos solucionarlo con la información que disponemos en el presente.

Nos volvemos a mirar en silencio. En la calle el tiempo ha vuelto a cambiar. Las nubes oscuras de antes están descargando toda el agua que tenían. El ruido de la lluvia en la ventana y el frío que sabemos que hay afuera nos hace estar más a gusto en casa. Sobre todo, juntos.

—Bueno, Samuel —me sobresalta Sofía con la pregunta—, explícate.

Ahora sí que es el centro de atención. Como la calefacción está fuerte en mi casa, se ha arremangado y le sobresale un tatuaje en el antebrazo izquierdo a la altura del codo. No lo distingo bien, parece como una figura geométrica. Se ha dado cuenta de que lo estoy mirando y se baja la manga.

—Hace un año aproximadamente —comienza a hablar mientras se le ve que busca algo en la *tablet*— encontré algo en Internet que al principio no le di importancia, pero luego la curiosidad hizo que me interesara más.

Detiene el relato y mira a Sofía.

—Me apareció el nombre de tu padre.

—¿Por qué? —le responde ella con la mirada fija en sus ojos.

Samuel se remueve en el asiento. Ha dejado la *tablet* en la mesa y no para de frotarse las manos.

—Yo suelo investigar a todos en Internet con cierta frecuencia y, cuando un día volví a poner tu nombre, apareció el de tu padre.

¡¿Cómo?! Si tengo que hablar en nombre de todos los que estamos en esta habitación, diría que ha caído otro rayo sobre nosotros. Esta vez, invisible. Me acabo de quedar helado. Este tío nos espía.

—¿Qué? —dice Elsa, alterada—. ¿Lo que estás diciendo es que nos investigas a todos?

Todas las miradas se clavan en él. No hay piedad. Toda la tensión y ahora el enfado acumulado en las últimas horas, lo estamos dirigiendo a un único elemento. Me dan ganas de…

—Sí —continúa Samuel en un tono más diplomático—. Normalmente suelo meter en Internet el nombre de las personas que conozco y sigo el rastro… —Se interrumpe un momento y nos repasa con la mirada a todos— … ¿Es que vosotros no lo habéis hecho nunca?

Aquí sí que me tengo que quedar callado porque sí que alguna vez he hecho eso. Veo que los demás agachan la cabeza y miran a la mesa.

—Vale —dice Samuel levantando la cara—, veo que puedo continuar.

Volvemos a mirarlo.

—Al poner el nombre de Augusto Canizzaro en el buscador de Internet, después de bastantes búsquedas, llegué a Disequilibriums. Para registrarse te pedían más datos de lo habitual y una de las consignas era ser mayor de edad. Yo, como siempre, completé el formulario poniendo los datos necesarios que me permitieran cumplir con lo que pedían.

La lluvia se ha intensificado afuera. Samuel tiene que empezar a hablar más alto porque el ruido en la ventana es cada vez más fuerte.

—Algo pasó. No sé si investigaron mi IP o fue alguna «contradicción electrónica», como les llamo yo cuando introduces dos datos diferentes de tu perfil desde la misma IP. Pero el hecho es que detectaron la inconsistencia. Lo que me extrañó es que me apareció un mensaje diciendo que era bienvenido... pero con acceso limitado.

—¿Qué quería decir acceso limitado? —pregunta Sofía

—No lo sé muy bien —le dice Samuel—, lo único que podía ver era lo que la gente contaba sobre las historias que habían ocurrido en sus ciudades y cómo las habían solucionado. Nunca pude ver los mensajes del «organizador» del grupo. Sabía que era tu padre, pero el sistema no me permitía ver nada de él.

—Y... —interviene Erik— ¿cómo supiste lo de mis padres?

—Eso —se rasca la cabeza Samuel—, eso fue fuera de Disequilibriums. Yo me había puesto una serie de alarmas de búsqueda en Internet y, cuando alguna de las palabras clave aparece mencionada, me llega un mensaje...

De pronto se para, se sonroja, mira a Sofía y continúa:

—... Como tenía puesto el apellido de «Canizzaro», empecé a detectar hace algo más de un año correos electrónicos dirigidos a él preguntándole dónde estaba. Fueron muchos, pero los que me sorprendieron eran todos los que salían de la misma dirección IP de Suecia.

Erik se incorpora en la mesa y no hace más que mirarlo. El sí continúa con las mangas recogidas y sus músculos del brazo se están tensando por momentos. Samuel lo mira y prosigue.

—Y lo demás es fácil que lo imaginéis. Una vez que Erik llegó a clase este año, lo investigué en Internet y, a través de sus apellidos, llegué a la IP que sus padres habían estado utilizando en Suecia. Este es el último mensaje que enviaron a tu padre, Sofía.

Gira la *tablet* para que la podamos ver y todos podemos leer.

—*No estás solo Augusto, vamos a tu ciudad a vivir, te ayudaremos.*

CAPÍTULO 33

Jueves, 22 de diciembre de 2016
Hora: 23:00

Sofía

O sea, ¡que papá se despidió antes de irse de viaje y no regresar jamás!

¿A dónde fue realmente? ¿Cómo desapareció?

Me estoy imaginando todo tipo de posibilidades y alguna de ellas me da miedo solo el pensarlas. ¿Y si todavía está vivo?

Quiero llorar, quiero gritar. Y, además, según lo que han contado, hasta mamá puede estar al corriente de todo. Y nos lo ha ocultado a los hijos. No me lo puedo creer. Esto es peor que cualquier película que he visto hasta ahora, y hoy soy la protagonista principal. Por un momento he querido pensar que todo esto no está ocurriendo. Que lo que dicen Erik y Samuel son sandeces. La verdad es que, si solo lo hubiera contado uno de los dos, no me lo estaría creyendo. Pero no puede ser coincidencia algo que saben dos personas diferentes y que no lo han hablado antes.

¿Qué hago?

¿Llamo a mamá y le digo…? Es que no sé qué le diría. Me siento engañada. No tenía derecho a ocultarlo… si de verdad lo sabía.

Noto cómo todos me miran. Aparte de la historia de Disequilibriums, el grupo y todo lo demás, a mí lo que me destroza por dentro es que papá pueda estar vivo. Todos me siguen mirando. No sé qué decir. No sé qué hacer. Es la primera vez que me pasa. No soy capaz de tomar una decisión.

Me llevo las manos a la cara.

Seguro que me siguen mirando.

Voy a despertar de este sueño.

¡Papá! ¡Papá!… pero papá no contesta.

Papá no está.

Voy a despertar de este sueño y todo volverá a ser como antes.

¿Como antes? ¿Cuándo pongo el antes? ¿Antes de que desapareciera papá, ya hace casi un año?... ¿o hace media hora?

Ya está, no seré yo quien pare todo esto.

David, supongo que para aliviar el momento, coge su ordenador y se pone a buscar por Internet. Los demás le imitan y volvemos a estar todos metidos de lleno en la aventura. De pronto me quedo parada viendo la pantalla y no puedo evitar hablar:

— ¡Geometría sagrada! Es lo que nos contó Elsa. Lo de los números de Fibonacci que encontré en la cartera de mi padre. Acabo de ver en esta página web cómo funciona todo esto. De hecho, he encontrado reseñas sobre los libros que vi en la cartera de mi padre.

Ya nadie está pendiente de mí, están con sus ordenadores. Lo prefiero así. No quiero ser la protagonista. Nadie me pregunta nada. ¡Menos mal!

Señalo las páginas web a cada uno y todos vemos la relación de PHI y cómo muchas figuras cumplen esa relación. Encuentro una página web donde se describen algunas construcciones diseñadas con geometría sagrada aplicando la relación del número áureo. De pronto me paro, miro a David y le sonrío.

—¿Tienes una regla para prestarme?

Tan pronto como me la trae, saco de mi mochila el plano de la ciudad que habíamos montado con el rectángulo solsticial superpuesto que nos dijo Nicola. Lo extiendo encima del trozo de mesa que queda libre. Veo cómo me observan y, tras medir un par de cosas, hacer unas cuentas y anotarlas en un papel, les muestro lo escrito.

—¡No me lo puedo creer! —exclama David al verlo.

—Es el numero PHI —dice Erik en voz alta y añade—: la relación que hay entre el lado grande y el pequeño del rectángulo solsticial es prácticamente igual al número áureo, es todo geometría sagrada.

En ese momento me vuelvo al ordenador y reviso tres páginas. Luego me echo para atrás en la silla, suspiro y miro hacia el techo diciendo:

—Creo que ya sé lo que mi padre descubrió.

Acabo de conseguir que todos dejen de mirar sus pantallas, incluido Samuel, y me miren.

—Ni en Londres, París o Bérgamo se cumple la relación que ocurre en Zaragoza. Si estaba buscando la verdadera ciudad del equilibrio, la encontró porque es donde vivía.

Erik y David se acercan y observan la pantalla del ordenador. En ese momento, Erik comenta en voz alta:

—¡Mirad! —comienza—. Lo que más me chocó fue la estatuilla de la cabeza con dos caras. Lo he estado buscando por Internet por dioses griegos o romanos, y he encontrado esto.

Nos señala una foto exactamente igual que la que vimos en casa de Nicola.

—Es el dios Jano —salta Samuel.

Con la seguridad con que lo ha dicho, nos ha dejado a todos quietos. Incluso David, que llevaba un rato mirando los mapas y confirmando las medidas de los cuadrados y círculos con una regla. Me noto que ya no miro a David como siempre. Algo ha cambiado desde hoy. Me va a ser difícil tratarlo igual como hasta ahora.

De pronto siento que Erik me pone la mano encima de la mía. En cualquier otro momento me habría parecido de lo más normal. De hecho, me gusta que me la coja de vez en cuando. Pero... justo ahora, justo hoy... ¡Qué lío! ¡No! Tengo que ser una persona segura y demostrarlo. Si estoy saliendo con Erik y me gusta, no tengo que ocultar nada... pero es que antes disfruté con el beso.

—Y tú... —Me saca Elsa de mis pensamientos dirigiéndose a Samuel—. ¿Cómo sabes eso?

— Lo había visto alguna otra vez en algún libro —responde él como si no tuviera importancia—. Tiene dos caras porque se supone que una mira hacia el principio y otra hacia el fin, una hacia el nacimiento y otra hacia la muerte, hacia el día y hacia la noche. Por eso el primer mes del año viene de Jano, *january,* y, en español, enero. Porque representa también el que mira al principio de las cosas.

—Tiene todo el sentido que Jano esté en casa de Nicola, ya que está en el punto del equilibrio —Esta conclusión de Samuel ha hecho que vuelva a cogerle cariño de nuevo.

Erik y yo nos quedamos mirando. Me aprieta la mano y me sonríe. Le devuelvo el apretón y la sonrisa. Todo sigue subiendo de intensidad porque las cosas van cuadrando. Presto atención a la explicación que hay en la página web y sigo cada vez más emocionada. Tenemos que dar el salto, tenemos que viajar y encontrar la respuesta.

Me callo un momento y vuelvo a extender de nuevo el plano de Zaragoza con el rectángulo solsticial girado.

—Lo cierto es que lo que me ha hecho descubrir lo que vais a ver ahora es la cantidad de iglesias que existen en Zaragoza. Y dónde están situadas. Ya sabemos que en la Puerta Este está la iglesia de la Magdalena, pero si nos vamos a la Puerta Oeste, está justo al lado la iglesia de San Cayetano. Y ahora veréis.

Saco otra hoja transparente que había trabajado durante el fin de semana. Lo que hice fue dibujar un cuadrado que envolviera al rectángulo solsticial. Sobre cada lado corto del rectángulo dibujé una línea centrada que tuviera la misma longitud del lado largo del rectángulo y, a continuación, uní los extremos de las nuevas líneas con otras perpendiculares hasta formar el cuadrado. Luego hice coincidir los extremos de este cuadrado con los puntos medios de otro cuadrado que lo envolviera y así lo hice varias veces. Lo cierto es que me inspiré en el símbolo que vimos en casa de Nicola y en el despacho de mi padre.

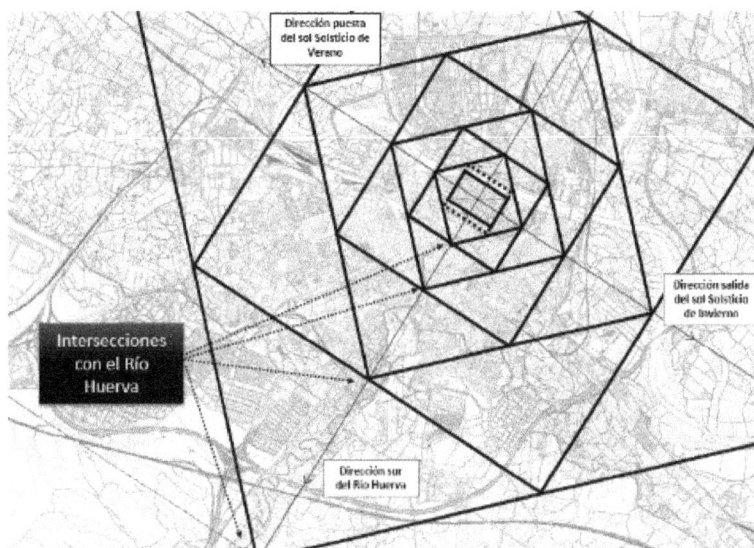

Les dejo que lo observen durante un rato y continúo:

—Si os fijáis, los dos extremos inferiores del cuadrado primero coinciden con la localización de la iglesia de San Miguel y la iglesia de Santiago.

En ese momento veo la misma cara de sorpresa que se me puso a mí el día que lo descubrí. Me quedé parada cuando lo vi. Dibujar los cuadrados, cada uno dentro del otro, fue un gran acierto por mi parte, porque las coincidencias que vi después me dejaron boquiabierta.

—¡Pero aquí hay algo más! —exclama David, y me acerco al plano para mirar el detalle.

Se queda callado, se aproxima más al plano sobre la mesa y acerca la mirada todo lo que puede.

—¡Qué fuerte! —añade—. Llevaba desde la explicación de la clase pensando en lo de los cuatro elementos de la naturaleza y el equilibrio. Había deducido que si el emperador Augusto pensó en esta ciudad como la ciudad sagrada sería porque encontraría el equilibrio de los cuatro.

Se para un momento para beber agua y observo cada movimiento que hace con el vaso. Es de los que disfruta cuando bebe y se nota porque cierra los ojos como hago yo. Todo lo hace suave. Hoy el flequillo le da un aire intelectual que le hace estar más atractivo.

Pero ¿qué estoy diciendo? Tengo cogido de la mano a mi novio y a la vez estoy mirando a otro chico de la manera que lo estoy haciendo. ¡Sofía vuelve en ti! ¡Sé consecuente con la decisión que has tomado!

Me calmo.

—El aire, está claramente identificado por la intensidad del viento en la zona. —Continúo escuchando a David—. El sol, no hay duda, pues es una zona con bastantes horas de luz al cabo del año y la orientación del *Cardus* y el *Decumanus* está hecha para encontrarlo. El concepto de la tierra se me ocurrió cuando estuvimos en el museo y leímos que el día de la fundación de la ciudad iba un sacerdote tirando de un arado dorado con dos bueyes, sobre todo porque había una persona tirando la tierra que salía del surco al interior de la ciudad. Y el agua… había dado por hecho de que era el río Ebro.

En ese momento Erik, con una amable sonrisa y poniéndole la mano por el hombro, le dice:

—Acabas de descubrir, y has hecho que los demás también lo veamos —con una gran sonrisa, casi de camarada, señala con el dedo el plano— que el agua no se refiere al río Ebro, sino al río Huerva.

La imagen es intensa porque los dos se miran a los ojos y se sonríen el uno al otro. Parecen casi amigos y yo me siento fatal. Lo que ha pasado antes en la cocina no deja de darme vueltas por dentro.

—Así es —señala el mapa en todos los puntos donde los vértices se cruzan hacia el sur con el río Huerva.

Tengo que reconocer que yo no lo había visto. Es alucinante, solo me había fijado en lo de las calles y las iglesias, pero lo del río Huerva es aún más asombroso.

—¡Es increíble! ¡Es increíble! —nos sorprende Elsa a todos con los gritos casi de colegiala.

No para de repetirlo. Nos la quedamos mirando para ver si se da cuenta de que si no se calma no la vamos a poder entender.

—Tenemos que ir a ver a Nicola ya. Son casi las 12 de la noche y quedan pocas horas para el amanecer.

—¿Por qué lo dices tan segura? —le pregunto—. ¿No te parece que es muy tarde para ir a casa de nadie?

Elsa se pone seria:

—Creo que todos nos hacemos una idea de lo que ocurrió con tu padre. —Se me hace un nudo en la garganta, «pero esto ya no se puede parar, estoy con ellos, quiero seguir»—. Aunque de todo no tengo evidencias, creo que esto es de la siguiente manera…

Se pone de pie y como si fuera una maestra de clase empieza a gesticular con los dos brazos.

—… el emperador Augusto era de buena familia en Roma y fue enviado a Grecia para estudiar a los clásicos. Debió de profundizar en la geometría y, sobre todo, la geometría sagrada. La verdad es que cuando os conté lo del numero PHI el otro día, es porque cuando yo descubrí eso y me puse a leer, no pude parar. Todo lo que está relacionado alrededor es fantástico.

Hace una pequeña pausa para tranquilizarse y continúa:

—No sé muy bien cómo, pero el emperador Augusto descubre todo lo que se produce en el sitio donde estaba la ciudad original y funda Caesaraugusta, con su propio nombre, y la construcción de las murallas romanas demuestra que, además del rectángulo solsticial, todo el equilibrio se basa en la geometría sagrada.

En ese momento interviene Erik poniéndose también de pie.

—Estoy totalmente de acuerdo y solo nos queda la melodía que abre el portal.

—Yo creo —comienza Samuel diciendo— que nos falta una pista y está dentro de todo lo que tenemos delante.

Lo miro mientras él sigue observando los planos de la mesa. Me gustaría saber todo lo que está pasando por su cabeza.

Como jugadora de ajedrez, a veces creo que va tres jugadas por delante de nosotros. Pero estoy de acuerdo con él. Hay algo más que no consigo enlazar. Asiento con la cabeza.

—Lo que no consigo unir en todo este puzle —comento— es lo de Jano.

Se produce un silencio. Instintivamente cogemos todos los móviles y sin siquiera hablarnos en ese momento salen de la casa de David cinco mensajes de texto a cinco familias distintas. Es divertido porque Elsa está diciendo en voz alta lo que está escribiendo, que coincide con lo que pongo yo a mamá: «Hoy nos quedamos a dormir en casa de David para acompañarle por lo de su madre».

Miro a David y sé que ese mensaje está yendo al móvil de su tío Daniel. No sé qué razón le estará dando. Erik seguro se lo envía a su madre. Tiene más confianza con ella.

¡Cómo me gustaría saber a quién está enviando Samuel el mensaje!

Cuando terminamos, casi sin decirnos nada, cogemos los abrigos y salimos. Esto sí que es compenetración. ¡Este grupo mola!, como diría mi hermano pequeño.

Al girarme observo que David se mete dentro del abrigo la dulzaina que había en el mueble del salón y había estado tocando antes Erik.

Bajamos todos a la calle y sin decirnos nada comenzamos a caminar rápido en dirección al centro. Ya no llueve, pero está todo el suelo mojado y la sensación de frío es altísima. Hay que tener cuidado de no resbalarse.

Nos hemos quedado Elsa y yo un poco retrasadas poniéndonos bien las bufandas y los guantes. Los tres chicos van caminando juntos delante de nosotras. Elsa lleva bastante rato en silencio y me he dado cuenta de que con la excusa del frío ha tratado de que nos quedáramos las dos solas detrás.

—El último día que hablamos en la calle, me hiciste una pregunta. —Rompe ella el silencio mientras andamos.

No sé de qué me está hablando, así que la dejaré continuar sin interrumpir.

—Pero hoy me he dado cuenta de que no te dije la verdad. —Baja la cabeza mientras sigue caminado.

Sin decir nada, vuelvo la cabeza hacia ella para que se dé cuenta de que la escucho. Vamos por mitad del bulevar del Paseo Sagasta y, a pesar del frío, hay una pareja dándose besos en uno de los bancos centrales. Elsa se les queda mirando por un momento y luego continúa.

—Hoy cuando ha tomado el mando después del caos de la pantalla del ordenador, me he dado cuenta de que no puedo ocultarlo más. No solo estaba guapo, dirigente y decisivo, sino que también me transmitió seguridad y coraje.

Acabo de detectar de lo que está hablando. ¡Uf! No le puedo decir nada. Justo después de ese momento, el chico del que está hablando me ha dado un beso que no se me olvidará en la vida.

Elsa se para a la altura de los grandes almacenes, me coge del brazo y, acercando su boca hacia mi oído para que nadie más lo oiga, me dice:

—He decidido decirle a David que me gusta y que quiero salir con él.

¡Madre mía! ¿Qué le digo yo ahora? Todo me está dando vueltas. Si no teníamos suficiente con todo el conflicto histórico en el que estamos inmersos, ahora me tengo que preocupar de que una de mis mejores amigas le vaya a pedir salir al chico con el que me acabo de besar a escondidas.

—¿Qué pasa, Sofía? —Me mira Elsa muy extrañada, no he debido de controlar la expresión de mi cara— ¿Ves algún problema?

—No, no —me apresuro a contestarle—. ¡Perdona! —La única excusa que se me ocurre . Con todo este lío de Nicola, no lo he encajado a la primera.

Me separo un poco de ella. La sujeto con suavidad por los brazos y, con una gran sonrisa, le digo:

—Pues te deseo que os vaya muy bien, Elsa. Es muy majo y un buen amigo. Seguro que os irá muy bien.

Pero, de pronto, Elsa se queda callada y deja de sonreír.

—El problema… —Titubea antes de continuar—: Es que creo que su corazón está con otra chica.

¡Joder! Espero que no sepa quién es ella.

Levanta la mirada, me mira fijamente y dice:

—Me da igual. —Mostrando más firmeza de lo normal en su cara, continúa hablando—: Se lo voy a decir y que pase lo que sea.

No puedo más que decir lo único que se me ocurre:

—Suerte.

Me coge del brazo y seguimos andando rápido para alcanzar a los chicos que ni se han dado cuenta de que nos habíamos parado. A ella la noto mejor, incluso camina ahora con la cabeza alta. El problema es que se me ha hecho de pronto un nudo en la garganta que casi no me deja respirar. Prefiero pensar solo en el movimiento de mis piernas en este momento.

CAPÍTULO 34

Viernes, 23 de diciembre de 2016
Hora: 00:05

David

Pocas personas están caminando a estas horas de la noche por la calle Don Jaime. Veo un grupo de universitarios que entran en uno de los bares de las calles adyacentes. También los trabajadores de la limpieza que aprovechan esa hora de la noche para hacer la recogida con el camión.

Miro hacia los pisos y hay pocos con luz. Al ser jueves noche la gente se acuesta pronto. Los bares que están a rebosar de gente a partir del viernes, hoy solo tienen uno o dos clientes.

Cuando nos acercamos a la casa de Nicola, nos miramos los cinco y sonreímos porque vemos luz en su piso. Aunque es difícil pulsar el timbre de una casa pasada la medianoche, esta vez casi nos solapamos Sofía y yo al ir a hacerlo.

En esta ocasión, Nicola ni ha preguntado quién era, yo creo que nos esperaba. Subimos por la escalera. Al llegar a su piso vemos que la puerta está abierta. Directamente entramos. Parece claro que nos estaba esperando. Ha puesto cinco platos en la mesa, junto con una olla, y porta un cazo en la mano. Mirándonos mientras nos sentamos, pregunta:

— ¿Cuántos cazos de sopa queréis?

El grado de complicidad que existe entre nosotros es impresionante. Supongo que ninguno lo hubiéramos pensado cuando la profesora de Historia nos eligió para hacer el trabajo en equipo. Todo lo que hemos pasado en tan poco tiempo es muy intenso. Está creando unos lazos de amistad como nunca había tenido con otros. Elsa se sienta a mi lado y apoya su brazo en mi hombro. Me sonríe. Mira a los demás y los cinco sonreímos mientras ponemos cada uno los brazos en los hombros del de al lado y hacemos una especie de abrazo colectivo. Hasta Samuel parece que se emociona. Supongo que recordaré este momento durante mucho tiempo.

Nicola, sin esperar nuestra respuesta a su pregunta, comienza a llenar los platos con una sopa en la que se ven trozos de verdura y de carne. No es momento de decirle que no me gusta la sopa. Está claro que no.

—Hace frío esta noche —comienza Nicola diciendo mientras completa los platos.

Y tiene toda la razón. Con todo el lío en el que estamos metidos, me parece que ninguno nos habíamos dado cuenta de que no hemos cenado y ahora que veo la comida, me entra un hambre increíble. La pruebo con cuidado porque echa humo. El primer sorbo es como manjar de dioses. ¡Pero si odio la sopa!... Ni muy salada ni muy sosa, en su justo punto. Voy a tener que cambiar mi gusto por este plato. La carne es de pollo. Está rica. Me gusta la comida y me gusta hoy el sitio. El piso está igual que lo vimos el ultimo día, de color blanco y con los mismos adornos.

De pronto nos encontramos los cuatro observando la estatuilla de la entrada que ahora sabemos lo que es, la cabeza de Jano. Nos miramos entre todos y entre guiños de ojo, seguimos comiendo la sopa.

—Tengo que reconocer que os esperaba un poco antes —comienza Nicola hablando—. Si vais a hacer lo que tenéis que hacer —se queda parado un momento mirando el reloj que lleva Erik en la muñeca— os queda poco tiempo.

Absoluto silencio después de sus palabras. Es Sofía quien toma la palabra. Antes de hablar se recoge la melena con las manos hacia un lado y no puedo quitar la vista de su precioso cuello. No puedo dejar de pensar en el beso. No puedo distraerme. Tengo que volver al presente.

—Nos ha convencido, lo haremos.

—No —le responde Nicola—, os habéis convencido vosotros. —Y añade—: ¿no es cierto?

Como el tiempo apremia, entre todos le contamos hasta dónde hemos llegado y todo lo que tenemos. Incluido lo de los padres de Erik y el padre de Sofía. Hablaría por todos si dijera en voz alta que ya no pensamos que sea ninguna tontería toda esta historia, incluso el propio Erik es uno de los que más está metido y se le ve emocionado mirando a Nicola a los ojos. Estamos a punto de estallar de emoción, pero sabemos que nos falta algo… Y el viejo se ha dado cuenta.

Terminamos de compartir con él todo lo que sabemos y nos quedamos callados. Nos mira. Sus ojos azules transmiten serenidad y a la vez seguridad. Hoy no lleva nada que le tape la cabeza, así que se le ve su media melena totalmente blanca dándole un aspecto aún más especial al momento.

Después de recoger la mesa entre todos y limpiarla, vemos que se retira y al cabo de unos segundos viene con un papel. No es un papel normal, es viejo. Si fuera de tamaño moderno podríamos decir que es tamaño A2. Mientras lo extiende sobre la mesa, vemos que es papel de pergamino muy antiguo. Aunque está muy borroso consigo distinguir letras romanas dentro de un rectángulo. Hay dos columnas y algo que me parece reconocer, pero todavía no llego a verlo porque está muy borroso. De pronto me doy cuenta y exclamo en voz alta:

—¡Es la inscripción del sillar encontrado en la Puerta Este!

Todos nos ponemos encima del pergamino para analizarlo, mientras Nicola se retira hacia atrás en el cuarto. Sin llegar a tocarlo, lo estudiamos varias veces. Sofía y Elsa sacan unos papeles de sus mochilas y tratan de anotar lo que allí se dice.

La columna de la izquierda es la misma que vimos en el sillar que hemos revisado en los últimos días. La columna de la derecha es totalmente nueva para mí, porque esa es la parte que siempre hemos visto dañada e ilegible.

Estamos todos incorporados en la mesa mirando el pergamino. Nadie habla, incluso Samuel ha dejado la *tablet* y se le nota que está totalmente interesado por este nuevo elemento que se nos presenta. A diferencia de las otras veces que hemos estado en este piso, en esta ocasión no hay nada afuera que rompa el silencio de la noche. Parece que todo a nuestro alrededor nos prepara para el siguiente paso.

Consigo componer las letras y nos corregimos entre todos hasta que al final acordamos que es lo que dice:

PARVUM EST MAGNO UT MAGNUM OMNIBUS EST

Mientras lo leemos una y otra vez, Nicola se sienta alrededor de la mesa con nosotros y todos lo miramos a los ojos.

—Cuenta la leyenda que, cuando el emperador Augusto terminó la ciudad, obligó a los constructores a dejar una pista en la Puerta Este para las generaciones venideras. Y así lo hizo en un sillar del que, por lo que habéis contado, tenéis suficiente conocimiento estos días.

La sangre me hierve. Las manos me están sudando. Veo que no soy el único que está extremadamente nervioso por lo que está oyendo. Esto es absolutamente nuevo y nos está llevando a un sitio que no sé si estamos preparados para ir. Trato de buscar algo que nos distraiga desde el exterior... Nada, el silencio sigue siendo nuestro compañero esta noche.

—Se sintió muy orgulloso —continúa Nicola—, porque él mismo lo usaba para volver a Roma. Nadie sabe cómo, pero había creado, a través de su ciudad sagrada, un transporte a través del espacio... —Nos mira un momento en silencio y continúa—: Y sin saberlo en aquel momento... también a través del tiempo.

Por increíble que parezca, esta parte de la historia ya la tengo demasiado asumida. Aunque no dejo de sentirme raro cada vez que lo pienso.

—Él entendía —prosigue—, que se lo merecía por todo lo que había hecho por Roma y como tenía el secreto para hacerlo no veía ningún problema en usarlo. Era capaz de ir y de volver, siempre como punto de entrada y salida el cruce del *Cardus* y el *Decumanus*.

Se para un momento para coger aire. Hoy parece agotado.

—Pero comenzó a existir un problema, varios soldados de la Legión X Gemina descubrieron el secreto que había usado el emperador, y poco a poco se fue creando una situación muy complicada porque le comenzaron a dar un uso muy diferente al que le daba Augusto... Esta legión le había acompañado en sus campañas en el norte de Italia, en Francia y Bretaña.

Se calla un momento como tratando de recordar lo que va a decir a continuación.

—El emperador Augusto se dio cuenta y lo primero que hizo fue prohibirles el uso. Y en un momento de ira y enfado, él mismo tomó un cincel y un martillo y destrozó completamente la columna de letras de la derecha.

La mirada de Samuel es casi de locura. Tiene los ojos y la boca absolutamente abiertos. Nos tiene totalmente concentrados en la historia. Con las manos está haciendo el gesto de golpear algo con un martillo. Me sudan las manos. Mi cuerpo se mueve en la silla. Necesito que continúe, quiero saberlo todo, quiero que lo siga contando como lo está haciendo.

—Comenzó a golpear las letras de la columna izquierda, pero fue justo en ese momento cuando la ciudad sufrió un ataque del exterior y se tuvo que ir a organizar la defensa. Todo se complicó mucho. Tuvo que avanzar con la conquista romana hacia otros países, y ya nunca se acordó de terminar de destruir lo que había comenzado.

Ya no me sudan las manos. Simplemente no las siento, como tampoco siento el resto del cuerpo. La expresión de las caras de mis amigos demuestra la misma intensidad de sorpresa y temor que debe haber en la mía. Sofía rompe el silencio:

—Y entonces ¿cómo es posible que usted tenga la inscripción en este documento?

Nicola la mira y, con paciencia, responde:

—Cuando se terminó de construir la Puerta Este, y concretamente este sillar, el emperador Augusto ya había creado la figura del vigilante de este *Cardus* y *Decumanus*, el «vigilante del equilibrio» como él lo denominó. —Señala por la ventana hacia el cruce de las calles—. Él sabía que su ciudad sagrada perduraría durante muchos años si se conservaban los principios básicos sobre los que la había diseñado.

Samuel se está tocando la cabeza. Ya no queda nada del peinado que se había hecho antes de ir a casa de David. Vuelve a ser el mismo de siempre. Está observando en su *tablet* la foto del sillar. No dice nada.

—El primer vigilante hizo algo que el emperador Augusto no supo, y nunca le hubiese autorizado. Tras grabarse la inscripción en el sillar, el vigilante utilizó un pergamino que encontró y, usando una barra de carboncillo, apoyó el papel en la pared del sillar, y lo pasó varias veces por encima, para que quedara copiada la inscripción. Aquel vigilante escondió el pergamino en la propia ciudad y a cada vigilante que le ha precedido después en el tiempo se le ha ido comunicando dónde estaba…

No podemos estar más callados que lo que estamos. Como si mi mirada pudiera mover sus labios, le miro insistentemente para que siga hablando.

—Yo soy el primer vigilante que ha tenido que recoger el pergamino del escondite y mostrárselo a alguien.

Ni una palabra sale de nuestras bocas. El silencio de esta habitación compite con el de la calle.

Me pregunto si somos los únicos a los que se lo ha mostrado.

CAPÍTULO 35

Viernes, 23 de diciembre de 2016
Hora: 00:55

Sofía

La última frase que nos ha dicho me obliga a preguntarle lo que quería hacer desde que he visto el pergamino.

—¿Y qué significa la columna de la derecha?

—Yo soy solo el vigilante del equilibrio y si el equilibrio está en peligro... —comienza Nicola y consigue que le sigamos escuchando muy atentamente porque ha dicho la palabra clave—: ... solo puedo ayudar a que otros lo restablezcan, pero no puedo hacerlo yo. Habéis conseguido recopilar mucha información, alguna es válida para realizar el viaje y otra la usaréis más tarde. Pero solo vosotros decidiréis cuándo y cómo.

Vuelve a provocar otro momento de silencio y se pone de pie mirando fijamente a la figurita que tiene en el mueble de la entrada.

—A la vuelta os ayudaré a unir todo lo que hayáis encontrado.

—Es casi la una de la madrugada —comienza David—, y sin diccionarios no podemos traducirlo.

Nicola se queda callado y dice:

—Os diré el significado, pero el resto lo tendréis que averiguar vosotros.

Espera un instante y añade:

—La traducción exacta del latín es:

LO PEQUEÑO ES A LO GRANDE COMO LO GRANDE ES AL TODO

—Ahora yo me voy a retirar a dormir porque tengo que estar despierto antes de que amanezca y ya estoy empezando a notar los años. Os podéis quedar aquí todo el tiempo que queráis, si eso os ayuda a preparar el salto.

Supongo que me acabo de quedar tan confundida como el resto. ¿Cómo se va a ir? No puede. Se supone que tenemos que dar el salto dentro de unas horas y no nos ha contado nada. Sí es cierto que nos ha enseñado algo que no esperábamos y que es muy importante en todo este asunto. Me pregunto cuánto darían los historiadores por tener el pergamino que nos acaba de enseñar. De todas maneras, la frase no me dice nada y se supone que ahí está la clave.

—Nicola, por favor —le digo mientras se marcha—, no se retire todavía, no sabemos qué hacer con esto.

Mantiene un momento de silencio y dice:

—Confío en vosotros, estoy seguro de que sabréis cómo encontrar el camino. Me despertaré antes de que os tengáis que ir.

Y se va. Simple y llanamente se retira sin dar más explicaciones. Me giro y miro a los demás, ellos hacen lo mismo y, tras encoger los hombros, nos volvemos hacia el pergamino. No nos queda otra opción que averiguar la respuesta.

Me suena el móvil avisando de un mensaje de entrada. Al levantar la pantalla veo que es un mensaje de mamá. Me había olvidado completamente de ella. Creo que no me he portado bien, tendría que haberme ido a casa y contarle todo lo que me habían dicho en las últimas horas y al final preguntarle directamente por papá. No sé cómo habría reaccionado... ni ella, ni yo. Supongo que da igual lo que me hubiese contado porque sea lo que sea, me costaría creerla, aunque en lo más profundo de mi ser creo que ella lo sabe todo. Supongo que ahora estará enfadada conmigo y no se atreverá a decirme por teléfono lo que piensa y prefiere hacerlo en un simple mensaje. Me parece que no me va a gustar.

Al abrir y leer el mensaje, directamente me hundo y me siento muy culpable. No solo no ha demostrado enfado, sino que dice que «comprende que queramos acompañar a David en este momento tan delicado». Al principio pensé que tenía doble intención, pero ahora veo que no, mamá al final siempre trata que las cosas vayan bien entre nosotros. Me quedo más tranquila y con un símbolo de carita sonriente le pongo en un mensaje de respuesta: «Te quiero. Gracias».

—¡Ya está! —me interrumpe Elsa de mis pensamientos—. ¿Cómo he podido tardar tanto en darme cuenta?

La miramos con sorpresa y ella escribe una y otra vez en un papel la traducción que nos ha pasado Nicola. Se queda mirando las palabras, de repente se tranquiliza. Nos descubre totalmente serios, mirándola. No es momento de bromas y espero que realmente haya averiguado algo. Se le cambia la mirada y nos sonríe a todos. Señalando la traducción, dice:

—Se refiere al número áureo. —Nota que seguimos sin entenderlo—. Esto es la geometría sagrada. ¿Os acordáis lo que os expliqué del número PHI? Pues se refiere a esto, la proporción áurea establece que lo pequeño es a lo grande como lo grande es al todo.

Samuel nos muestra en la pantalla de la *tablet* una foto del dibujo que había hecho Elsa la primera vez para explicárnoslo.

—Lo normal es que se aplique a las proporciones entre segmentos. Como os comenté, esta relación geométrica ha sido venerada por todas las culturas del mundo. Podemos encontrarla en el arte, la composición musical, incluso en las proporciones de nuestro propio cuerpo, y en general en toda la naturaleza «escondida» detrás de la secuencia de Fibonacci.

Se queda en silencio mirando el pergamino y, con voz profunda, dice:

—La proporción áurea es la única forma de dividir la unidad en dos partes que están en progresión geométrica.

Mira a Samuel y le sonríe mientras observa en la *tablet* lo que nos explicó la última vez.

—Esto claramente demuestra mi teoría sobre el emperador Augusto: todo lo basaba en la geometría sagrada —termina diciendo.

Elsa se siente orgullosa de lo que ha descubierto y no miento si afirmo que todos estamos muy contentos de tenerla con nosotros. David, instintivamente, le pone la mano en su hombro derecho en señal de felicitación y ella se gira rápidamente hacia él y con los ojos muy abiertos le sonríe. David no se está dando cuenta de nada. Ese pequeño gesto inocente me parece que va a tener consecuencias.

Me concentro de nuevo en lo que estamos. Tenemos delante de nosotros un mensaje escondido en una piedra que los romanos usaron para construir la ciudad antigua por la que cualquier historiador daría millones, y yo personalmente no sé cuál es el siguiente paso.

—¿Y esto como nos ayuda ahora, Elsa? —no puedo evitar preguntar.

Se produce silencio y ni ella ni los chicos dicen nada. Ha sido un auténtico descubrimiento que no sabemos cómo usar.

CAPÍTULO 36

Viernes, 23 de diciembre de 2016
Hora: 01:30

David

Esto no lo puedo soportar. Nadie toma una decisión. Tenemos un montón de información encima de la mesa y no sabemos qué hacer. Después de los días más importantes de nuestras vidas hemos llegado hasta un punto especial. Cómo he cambiado. Yo, que siempre esperaba tener todos los datos para decidir, ahora soy el que se molesta si no se toma una decisión rápido. Me ha debido de contagiar Sofía.

Me levanto de la mesa, doy un par de vueltas a la misma. Consigo que todos me pregunten si estoy bien. Sigo dando vueltas. De pronto, Sofía me coge del brazo y me dice:

—¡Para!, nos estás poniendo nerviosos. ¿Qué haces?

—Dar vueltas —respondo.

—Y eso, ¿qué tontería es? —me pregunta Erik.

—Es lo mismo que estáis haciendo todos pero sentados en torno a la mesa y con mucha información delante: dar vueltas.

—Termino y consigo lo que quería: he roto el momento de bloqueo.

Elsa no deja de mirarme y sonreír. Le ha debido de parecer simpático lo que he hecho. Me siento de nuevo entre ella y Sofía. Aparto con mucho cuidado el pergamino que nos ha pasado Nicola y pongo un papel en blanco en medio de la mesa para que los cuatro lo podamos ver.

Empiezo a dibujar mientras comento:

—Veamos, tenemos por un lado una piedra que estaba en la Puerta Este —y dibujo en medio de la hoja un pequeño rectángulo—, que tiene dos partes, una con una inscripción entendible. —Dibujo una línea vertical dividiendo el rectángulo en dos partes iguales—. Del rectángulo sabemos por un lado que se usaba para «viajar» a Roma y que tiene que ver con el dios Jano. —Dibujo dos líneas que salen de la parte izquierda del rectángulo hacia arriba donde al final de una pongo SALTO A ROMA y al final de la otra JANO.

Miro la cara del resto. Algo ha cambiado. Elsa a mi derecha, Samuel a su lado, luego Erik y Sofía a mi izquierda, todos están ahora siguiendo lo que dibujo. A la vez están pensando. Incluso Sofía me mira de forma diferente. Ya le ha soltado la mano a Erik.

Aprovecho el momento y continúo:

—Además hay una relación con el numero áureo. —Dibujo una línea de la parte derecha del pequeño rectángulo hacia la derecha del papel y al final pongo PHI—. Por otro lado, tenemos el diseño de la ciudad con el rectángulo solsticial girado —y lo dibujo solo en la parte central de abajo—, que hemos dicho está relacionado con los cuatro elementos de la naturaleza —en la mitad de cada lateral del rectángulo solsticial hago un pequeño círculo—, con el quinto elemento en éter en el centro.

Voy a dibujar otro círculo en el centro para que quede claro.

—¡Espera!, no hagas un círculo… —me interrumpe Elsa, adivinando lo que iba a hacer mientras apoya su mano izquierda en mi brazo derecho.

Nos la quedamos mirando. En mi interior trato de adelantarme a lo que va a decir, pero ella lo dice antes.

—… en el cruce hay una estrella de ocho puntas.

Supongo que desde el principio habíamos visto esa pequeña figura, pero no habíamos hablado de ella.

—La estrella de ocho puntas, el polígono de ocho lados, el octógono es… —Samuel se ha puesto de pie y nos ha sobresaltado a todos— Es…

Está dando vueltas a la mesa también. Parece un crío. Camina y se ríe. Nos mira y se vuelve a reír. Este chico tiene un problema. De pronto se para de nuevo en el sitio que estaba y, mirándonos a todos a la cara como nunca lo había hecho, dice:

—¿No lo veis?

Absolutamente noqueados. Como si nos hubieran derribado en un combate de boxeo. Nos ha dejado en el suelo. Por las caras ni yo ni ninguno le seguimos. Debemos de estar años luz de su mente.

Es casi divertido porque se está restregando el pelo con las dos manos. Como Nicola tiene la calefacción a poco nivel, no se ha quitado el abrigo largo, así que la estampa es de chiste.

Por fin decide iluminarnos la vida. Aunque creo que la mirada asesina que le ha echado Sofía ha debido de servir para que se calme.

—¡El equilibrio!

Nos mira a todos con los ojos plenamente abiertos y las cejas al máximo nivel. Por segunda vez me estoy sintiendo aún más ignorante.

—¡El equilibrio! —Por fin se sienta y sigue hablando más calmado—. El ocho fue relacionado en la antigüedad con la equidad, con el equilibrio.

Nos deja unos segundos para que aún nos impresionemos más. Yo me levanto y vuelvo a la silla. No sé cómo me siento. Sigo pensando que llevo en un sueño desde hace varios días.

—Esto viene desde la Grecia antigua, de Pitágoras. Ahora no recuerdo toda la historia, pero me acuerdo de que el ocho es un número de gran poder, se la llamaba armonía universal y estaba relacionada con la octava celestial, con el amor, la amistad, la prudencia y la inventiva.

Se pone serio, mira por la ventana y continúa:

—Lo cierto es que el primer momento que empecé a pensar en esto fue cuando estuvimos en la plaza San Felipe y caminamos sobre el octógono de la base de la antigua torre. Recuerdo que anoté en mi libreta aquel día un gran número ocho.

Recorre todas nuestras caras con la mirada. No sé qué busca o qué descubre en nuestros ojos porque los míos son como un pozo que se está llenando de una información absolutamente insólita para mí.

—Y tú, ¿cómo sabes todo eso? —le pregunta Elsa de manera muy suave.

—De Disequilibriums —le contesta mirándola a la cara, por fin ha dejado de tocarse el pelo—. Ya os dije antes que conseguí estar un tiempo en el foro virtual.

Se sienta. Se echa para atrás en la silla como si hubiera descubierto la luna y nos lo estuviera contando por primera vez.

—Esto lo dijo uno de los miembros y fue el que más «Me gusta» recibió de todos los contenidos que se compartieron mientras estuve activo.

Nos quedamos en silencio observándolo.

—Lo cierto —comienza Sofía a hablar mirando el dibujo que he hecho— es que el símbolo tiene ocho puntas, no es exactamente un octógono, aunque son dos cuadrados girados. Está claro que todos lo hemos visto en muchos sitios en esta ciudad en edificios y pinturas antiguas.

Nos sorprende un ruido de ronquidos. Nos miramos entre todos y sonreímos.

—¿Qué capacidad para dormir tiene este hombre? —dice Erik—. Con todo el ruido que estamos haciendo.

Volvemos todos a mirar el material esparcido por la mesa moviéndonos despacio para no despertarlo. Termino de dibujar los dos cuadrados pequeños girados y remarco los perfiles de todo.

—De acuerdo —continúo, como si la interrupción de Samuel no hubiese ocurrido porque no sé qué cambia de lo que estamos haciendo, aparte de lo del concepto del equilibrio, claro—. Por otro lado, tenemos los símbolos. —Dibujo el círculo alrededor del rectángulo solsticial girado como el que vemos en la propia casa de Nicola.

Giro la cabeza alrededor de la casa de Nicola y vuelvo a dibujar, pero esta vez en silencio. Cerca de donde había puesto la palabra JANO dibujo una cabeza de forma rápida como si fuera la del dios.

En ese momento Sofía toma un lápiz y en total silencio escribe MI PADRE. Supongo que lo está pasando mal. Todo esto le debe de costar mucho. No me sorprendo cuando compruebo que lo ha escrito junto a las palabras SALTO A ROMA que yo puse. Las imágenes del beso antes en la cocina ya no me vienen tan a menudo. Por fin consigo concentrarme en lo que hacemos. Está muy guapa y a la vez la noto cada momento más triste. Soy su amigo y tengo que apoyarla.

—Gracias, Sofía —digo para animar, esforzándome en que note cómo la sonrió. Ella me mira y me devuelve la sonrisa, aunque no con su gesto habitual de alegría.

Ahora es Erik quien toma el lápiz. En la parte derecha, totalmente aislado, escribe MELODÍA DE SALTO. Yo añado EMPERADOR AUGUSTO debajo del rectángulo solsticial girado. Y Erik, a continuación, escribe CIUDAD SAGRADA debajo de lo que yo he hecho.

Samuel coge el lápiz, se aproxima al centro del papel y se para. Mira todo el esquema que estamos haciendo y dejando el lápiz se echa para atrás. No sé si no ha escrito lo que pensaba porque no estaba seguro o porque pensaría que no le vamos entender. Lo miro, pero ya se ha aislado de nuevo buscando algo en su *tablet*.

Nos quedamos todos en silencio mirando lo que hemos dibujado. Poco a poco cada uno empieza a unir algunas partes del dibujo con otras mediante líneas. Elsa ha unido PHI con el rectángulo solsticial.

Estamos uniendo todas las partes que hemos puesto en la hoja. Miro el dibujo de nuevo. Veo que la parte de MELODÍA DE SALTO se ha quedado aislada, sin unir con nada. Pero a mí me falta algo en este dibujo.

De repente, Sofía toma el lápiz y traza la palabra DESEQUILIBRADO. Primero lo hace encima del rectángulo solsticial, pero lo borra. Duda. Creo que no sabe dónde ponerlo. Yo tampoco puedo ayudarla porque en el fondo es la base de todo esto, quizá lo contrario: el equilibrio. Pero la consecuencia que vemos es que la gente se está desequilibrando y no puedo dejar de acordarme de mi madre. Debería estar con ella por si se despierta. Soy un mal hijo. ¡No! Paro de mortificarme. Sé que no debo hacerlo. Así que, cuando consigo tranquilizarme, le tomo con cuidado el lápiz a Sofía de la mano (no sin evitar tocarla un poco). Mientas escribo, lo digo en voz alta:

—Seguro que, en la época de Augusto, lo escribían de otra manera. —Escribo la palabra DISEQUILIBRIUMS en la parte de abajo de la hoja.

Miro a los demás y veo que se han quedado conformes. Volvemos a observar la hoja. A mí me gusta todo menos dejar la parte de MELODÍA aislada. Compruebo que todos estamos mirando eso y no conseguimos dar el primer paso.

—Elsa —interrumpo el silencio—, ¿cuál es el numero PHI?

—No me lo sé de memoria... —Se queda callada un rato— Pero podríamos calcularlo.

Rápidamente coge el lápiz y empieza a escribir los números de la serie de Fibonacci que nos había explicado antes de arriba abajo: 1, 2, 3, 5, 8, 13... y así, luego, sumando siempre los dos últimos para calcular el siguiente. Pone a la derecha de cada número el anterior, el signo de división entre ambos y empieza a dividir los primeros.

Me doy cuenta de lo que está haciendo, así que continúo la serie de Fibonacci por debajo poniendo al lado el número anterior. Cuando ya me canso, escojo una división y empiezo a hacerla al lado. Erik y Sofía han cogido cada uno una y también están dividiendo. Samuel sigue a lo suyo con la *tablet*. Ponerse a hacer divisiones a las dos de la madrugada no es la máxima ilusión de alguien con dieciséis años, pero miro de reojo al resto y estamos absolutamente concentrados en lo que hacemos.

Al cabo de un rato todos hemos tirado el lápiz y ahora miramos las diferentes divisiones. Empiezo a poner números hasta que están de acuerdo:

1,6180339887498948420458683...

—Parece que te tenemos —digo mirando al papel y con el lápiz señalando el número.

—Pues sí —responde Samuel con un marcado acento local mientras nos muestra el mismo número es la pantalla de su *tablet*—. Habéis sido tan rápidos como el programa que tengo aquí. Enhorabuena.

Consigue que todos sonriamos, pero estamos demasiado cansados para descentrarnos. Nos sentimos orgullosos. Durante un rato vuelvo a sentir esa sensación de amistad tan fuerte que he tenido antes. Trabajar con ellos tan unidos me está creando una sensación de cercanía increíble.

Pero tras cinco minutos en silencio nadie dice ni hace nada. Me parece que volvemos a estar bloqueados. Creo que nos estamos acostumbrando a este tipo de situaciones y en el fondo sé que al final saldrá algo. De pronto, Erik toma el lápiz y dibuja una línea que en el dibujo une PHI con MELODÍA DE SALTO. Consigue que nos volvamos a quedar callados y oímos cómo él empieza a silbar. No entiendo nada. No sé lo que está haciendo. Lo que sí sé es que Erik lleva la música en las venas y probablemente sea capaz de unir cualquier cosa con la música.

—Erik necesita un instrumento —dice Sofía en voz alta.

¡Menuda idea más rara! De todas maneras, necesitamos encontrar esa melodía que dijo Nicola que dentro de unas horas nos permita «saltar». Lo observo, también a Sofía y noto que me mira de forma rara. Le pongo cara de no entender y de pronto me da un codazo en el costado.

No ha sido el golpe de su brazo lo que me ha hecho darme cuenta de lo que quería indicarme, sino el impacto de la dulzaina que llevaba guardada en el bolsillo de ese costado en las costillas.

—Toma —le digo a Erik con una sonrisa mientras saco el instrumento y se lo extiendo en las manos.

Supongo que se habrán preguntado qué hago yo con una dulzaina un viernes de madrugada. Ahora recuerdo que, al salir de casa, caí en que nos disponíamos ya a dar el salto y nos había dicho Nicola lo de la música. Supongo que fue un acto reflejo al ver la dulzaina de mi hermano del colegio. En fin, veamos qué puede hacer.

Veo que Erik primero escribe en un papel los números del uno al siete y, a su lado, en una segunda columna, escribe las notas musicales empezando por el do. Cuando llega al número ocho, se para.

1 DO
2 RE
3 MI
4 FA
5 SOL
6 LA
7 SI
8

¿Cómo no se me habrá ocurrido antes?

—¿Qué ocurre, Erik? —le digo.

No consigo disimular mi ansiedad por el descubrimiento que ha hecho y que, de repente, ha cortado. Yo seguiría escribiendo la secuencia.

—Tomamos la escala de do mayor —dice sin dejar de mirar lo que ha escrito, como si estuviera todavía en un proceso interno de deducción continua—, por ser la más ampliamente utilizada en la música occidental. —Habla como un experto— Por tanto, excluimos las «teclas negras» del piano y consideramos como tónica el do. Esto nos deja «do, re, mi, fa, sol, la, si» sin sostenidos ni bemoles; 7 notas. Sin embargo, nuestro código está escrito en base 10: 9 números más el cero.

Samuel extiende los brazos sobre el papel, hace pequeños dibujos con sus dedos sobre los números. De pronto, para sorpresa de todos, agacha la cabeza y la esconde entre sus brazos. Sofía me mira frunciendo el ceño. Elsa está nerviosa, mira a Erik y David indistintamente, sin saber qué hacer.

Samuel sigue callado. La cabeza oculta.

—Pero... —continúa Erik sin haber dejado de mirar el papel. Se rasca la cabeza y sigue hablando— en este punto hay que resolver ya el problema de que nuestra escala está en base 7 mientras nuestro código está en base 10. —Dirige la mirada hacia Samuel como buscando su aprobación—. Nuestro primer código acaba en el 8. Precisamente el 8.

—¡EL NÚMERO DEL INFINITO! —grita Samuel sin levantar la cabeza.

Ahora sí que me he perdido. Espero que lo expliquen porque estoy empezando a tener frío y sueño a la vez. Con tanto retraso no sé si vamos a llegar.

—¿No lo veis? —Samuel se pone de pie y señala lo que ha escrito Erik.

Ninguno sonreímos, creo que es la segunda vez que nos trata de tontos esta noche. Aunque hay que reconocer que antes nos ha sorprendido.

—En cuanto Erik —dice Samuel— ha llegado al 8 en la escala que estaba haciendo, lo he visto y supongo que él también y por eso se ha parado.

Termina y se queda fijamente mirando a nuestro amigo sueco. Elsa está absolutamente impactada, tiene los ojos clavados ahora también en Erik.

—El 8 es el único número, en una escala del 8, que tiene una doble interpretación —continúa Erik—. El 8 significa de nuevo «do», de forma que nos devuelve la misma nota una octava superior y nos establece un bucle infinito…. Así, el 9 sería «re»… y si nuestro sistema no fuera decimal, seguiríamos así con un bucle claramente definido, en primera instancia, por el 8.

Sofía está callada. Nos mira a todos. Creo que no sabe qué hacer. Su capacidad de tomar decisiones que siempre ha tenido casi ha desaparecido. Todo esto y lo de su padre la han transformado.

Mi mente no para de dar vueltas ¡El símbolo del infinito! ¿Cómo es posible? ¿Es todo una casualidad? El símbolo que tiene Samuel en su perfil, el que apareció en la proyección en mi casa cuando nos bloquearon la conversación. Y, además, se mezcla con lo del octógono, como símbolo del equilibrio y la estrella de 8 puntas.

Nadie habla. Todos miramos los números.

—Muy bien —digo golpeando la mesa—, ya tenemos lo del infinito, el 8.... pero, ¿y eso para qué sirve? ¿Cómo continuamos con la música? Yo no tengo ni idea. —Clavo mis ojos en los de Erik que me mira casi desde el más allá.

Tiene toda la presión del momento porque hasta Samuel lo mira también.

—Vale —empieza Erik, sentándose rectamente en la silla y tomando de nuevo el papel y el boli—, voy a pensar que el «0» es un «silencio». —Está serio, muy concentrado, y, por fin, toma el mando de la situación y dice—: Así que nuestra primera secuencia 1618 sería do, la, do, do (octava superior).

Ahora sustituye los números del número PHI por notas musicales.

1= DO; 6=LA; 1= DO; 8=DO ALTO; 0= SILENCIO

Erik comienza a tocar música, se para, vuelve a empezar y al cabo de unos segundos está tocando una melodía musical basada en las primeras cifras del número PHI.

CAPÍTULO 37

Viernes, 23 de diciembre de 2016
Hora: minutos antes del amanecer

Sofía

Todavía es de noche, pero ya notamos las primeras luces del alba. La puerta de la iglesia de la Magdalena está a oscuras. La iluminación del edificio se enciende un rato al principio de la noche para permitir las visitas turísticas a la ciudad y luego se apaga a mitad de noche para evitar gastar energía, así que ahora mismo la única luz que tenemos en la plaza es la de las pocas farolas que hay. Estamos solos en la calle. Los bares cercanos están todavía cerrados. Todo está tranquilo y quieto... menos nosotros.

Estoy absolutamente nerviosa. Recuerdo anoche que, después de escuchar varias veces la melodía que tocaba Erik con la dulzaina, escuchamos desde el interior de la casa de Nicola su voz profunda:

—A descansar, mañana será un día duro. Ya habéis encontrado lo que buscabais.

Nos quedamos boquiabiertos con aquella frase. Pensábamos que estaba profundamente dormido.

Luego comenté con el resto que a mí me pareció que también dijo: «Sabía que lo conseguiríais». Pero nadie más lo escuchó. Después de eso, se nos iluminó a todos la cara y nos echamos a dormir como pudimos en el salón comedor. Entre los sofás grandes y la alfombra que tenía en el suelo nos arreglamos y, aunque estaba muy nerviosa, no tardé mucho en quedarme dormida. Afortunadamente nos había dejado unas mantas porque si no nos habríamos congelado. ¡Que frío hace en esa casa!

Fue el propio Nicola quien nos despertó unas pocas horas más tarde con el olor a café en el piso y encendiendo las luces.

—Buenos días —nos dijo con mucha amabilidad—. No sé si a vuestra edad tomáis café, pero si no lo habéis hecho antes, hoy, después de la noche que habéis tenido y lo que os espera por delante, sugiero os lo toméis.

En mi caso acertó porque fue la primera vez que tomé café. De todas maneras, la sorpresa fue que en el baño nos encontramos cinco bolsas con cepillos de dientes, pasta, jabón y una toalla. ¿Cómo pudo saber que íbamos a pasar la noche en su casa? Cada momento me parecía más inquietante.

Durante el desayuno repasamos todo lo que íbamos a hacer. Nos recordó que no podíamos llevar nada al «otro lado» (como él dijo) de la época actual. Así que en la propia bolsa que nos había dejado a cada uno, metimos todo lo que teníamos. Yo de hecho metí la mochila completa donde tenía lo que llevaba conmigo a todas partes.

Ninguno quisimos hacer la pregunta clave, pero supongo que todos nos preguntábamos qué íbamos a hacer allí y, sobre todo, cómo volveríamos. El primer día que nos lo explicó nos enumeró exactamente los siguientes pasos que deberíamos seguir y, aunque aquel día pensaba que estaba sumergida en la locura de un perturbado, me acordaba hoy perfectamente de sus palabras. Ya habíamos confiado mucho en este hombre como para dejar de hacerlo cuando ya estaba tomada la decisión de dar el salto. Pero, ¿para qué todo esto? Con toda la intención me hacía esa pregunta en cada momento para no olvidar que todo lo que estaba haciendo tenía una explicación, y un sentido. Supongo que, en caso contrario, o realmente estaría loca, o simplemente no lo haría.

Mientras nos organizábamos, Elsa me retiró de los demás y, en voz baja, me dijo:

—Se lo voy a decir luego. Quiero que sea antes del salto.

Me la quedé mirando y no supe qué decirle. Me sorprendía saber que había una persona del grupo más preocupada en otra cosa diferente al «salto». En fin, el amor es el amor. En ese momento no me iba a distraer de lo que estábamos a punto de hacer, pero al menos asentí y sonreí, justo antes de que Samuel me preguntara si me iba a comer el cruasán que había dejado del desayuno.

Notaba que Elsa trataba de estar cada vez más junto a David. Me preguntaba cómo él no se estaba dando cuenta de lo que pasaba. Por su aspecto parecía más ingenuo de lo que yo pensaba.

Cuando ya estábamos preparados para irnos de su casa, Nicola nos paró un momento, nos deseó mucha suerte y nos dijo precisamente lo que yo había estado pensando segundos antes:

—No olvidéis nunca por qué lo estáis haciendo —le salió con voz grave.

Luego nos entregó a cada uno una figurita pequeña que cabía en un bolsillo del pantalón. Era una reproducción pequeña de la cabeza o, mejor dicho, doble cabeza, del dios Jano. Mientras nos las entregaba nos dijo:

—No espero que tengáis ningún problema. Pero si algo ocurriera, este será vuestro último recurso. Enseñad esta figura. —Se quedó callado un momento y luego continuó—: Y decid que os la entregó un vigilante del equilibrio.

Se quedó callado un momento y, juntando las manos, cerró los ojos. Me parecía que estaba rezando y desde luego ninguno le interrumpimos. A continuación, abrió los ojos y nos dio un beso a cada uno en la frente. De pronto se dio cuenta de que le faltaba algo.

—Casi se me olvida —empezó diciendo mientras nos miraba de forma muy seria a cada uno—. Nunca dibujéis ante nadie el signo del DISEQUILIBRIUMS.

—¿Por qué? —le preguntó inmediatamente David.

—Recordad que vais a buscar restablecer el equilibrio viajando allí donde todo se diseñó. —Se quedó en silencio, giró la cabeza mirando hacia la estatuilla de Jano que tenía en el mueble de la entrada. ¿Por qué estará mirándola?, recuerdo que me pregunté en ese momento—. ... Es lo único que debéis saber.

Con semejante respuesta nadie volvió a decir nada más. Así que nos dirigimos a la puerta para salir. Pero en ese momento yo no pude aguantar más. Me volví hacia él. Erik sujetaba la puerta abierta, pero al ver que yo me había vuelto, decidió volverla a cerrar. Elsa, David y Samuel ya estaban bajando las escaleras.

—¿Usted sabe algo de mi padre? —le pregunté directamente.

La reacción que vi en su cara me preocupó. Era una mezcla de seriedad, sorpresa y algo más que no conseguía identificar. Su expresión me recordó mucho a la que puso la guía del museo cuando la semana pasada le pregunté sobre por qué el *Cardus* y el *Decumanus* estaban girados en la ciudad. Luego se relajó, se acercó a mí y me tomó la mano derecha con las suyas. Pasó sus dedos por los míos como si los estuviera presionando un poco, hasta que se topó con el anillo en mi dedo corazón.

—¿Quién te ha regalado esto?

No me podía creer la pregunta. ¿Es posible que esté haciendo una pregunta de la que ya sabe la respuesta?

—Mi padre —le contesté.

—Que siempre te recuerde a él —me respondió soltándome los dedos.

—¿Pero usted sabe dónde está? —volví a preguntar y creo que di muestras de que estaba nerviosa.

Se calló un momento y luego me miró con mucha dulzura a los ojos.

—¿Está contigo? —lo dijo llevando los ojos por un momento al anillo.

—No —le respondí.

—Pues sugiero que ahora te ocupes de los que sí están contigo —terminó la frase y me hizo un saludo de despedida con las manos.

Desde que salimos de su casa hasta que hemos llegado a la plaza de la Magdalena he estado pensando en sus últimas palabras. Supongo que tiene razón y es cuando me vuelve a entrar ese sentimiento de culpabilidad de no haber sido más amable con mamá y haber vuelto a hablar con ella. De pronto, David grita:

—¡Mirad! Ya comienza. ¡Falta poco!

CAPÍTULO 38

Viernes, 23 de diciembre de 2016
Hora: un minuto antes del amanecer

David

Me late el corazón a una velocidad increíble, en el fondo estoy temblando con todas las sensaciones que tengo dentro de mí. Todo esto es lo más fantástico que me ha pasado en la vida. Estoy contentísimo de estar metido en esta aventura ¡Vamos a restablecer el equilibrio! Aunque debería ser más humilde y pensar que ¡vamos a tratar de restablecer el equilibrio!

Durante todo el camino hasta la iglesia he mirado a mis compañeros. Aunque sigo sintiendo lo mismo por Sofía, ahora veo a Erik de otra manera. He descubierto una gran persona. Con mucha frialdad y perseverancia ha conseguido llegar a descubrir la última pista que necesitábamos. Estoy muy orgulloso del equipo que formamos los cinco.

Es el último pensamiento que tengo cuando veo arriba, en la parte alta de la iglesia, que el sol empieza a iluminar la torre y grito a todos que miren hacia arriba. No puedo dejar de mirar allí sabiendo que detrás de la fachada, en el tejado, hay un pequeño portal construido con ladrillos. Desde que Sofía lo vio el otro día, ninguno hemos conseguido saber la razón de su existencia.

De pronto noto por detrás que Elsa me coge por el brazo y me hace señal para retirarme. No entiendo qué le pasa. Estamos en un momento supertenso y me aparta del grupo. ¿Qué le pasa? Me parece notar la mirada de Sofía al girarme hacia Elsa. Nos desplazamos cuatro pasos del resto hacia los bancos de la plaza.

—David, quiero hablar contigo.

La situación me parece un poco extraña. Deberíamos estar con los demás preparándonos para lo que tenemos que hacer. Las primeras luces del día se adivinan en el cielo y su piel oscura consigue que el blanco de sus ojos y dientes brillen como luces en la penumbra. Su mirada es insistente. Le noto un estado de tensión entre felicidad y nerviosismo. No para de frotarse las manos y, de pie junto a mí, la altura de sus ojos es la misma que la de los míos.

—Elsa —digo nervioso mientras miro de reojo a los demás—, tenemos que darnos prisa. Hay que salir ya.

—Pero… —comienza dubitativa— hay algo importante que debo decirte.

Sigue siendo un misterio para mí lo que pretende, pero ahora no podemos.

—Elsa, ahora no puede ser.

—Entonces —salta ella rápidamente— ¿cuándo? —Se mira las manos hacia abajo—. Lo que tengo que decirte es muy importante para mí.

Apoyo mis dos manos en sus brazos y con la mejor sonrisa que soy capaz le digo:

—Te prometo que justo después de dar el salto, nos apartamos de los demás y hablamos tranquilamente.

Me mira a los ojos sin expresión alguna.

—¡Te lo prometo! —insisto—. ¡Te lo juro! Pero ahora vámonos, por favor.

—¡Vale! —Se le ilumina de nuevo la cara de alegría—. Nada más dar el salto, ¿OK?

Asiento con la cabeza. Le doy la mano como muestra del acuerdo y, sin soltarla, me giro y nos acercamos a los demás. Sofía ha fruncido el ceño y está mirando nuestras manos unidas. La suelto inmediatamente. No sé qué está pensando. Ahora no nos podemos distraer con nada que sea diferente al salto.

—¡Vamos! ¡Vamos! —digo mientras aplaudo fuerte para tomar el mando de nuevo de la situación.

Como si fuéramos robots porque tenemos las instrucciones de lo que tenemos que hacer, nos acercamos hacia la pared donde está dibujada la puerta antigua de Valencia. Nos cogemos los cinco de la mano y, mirando la inscripción que está pintada, leemos con voz alta a la vez lo escrito:

PORTA ROMANA QUI FACIUN(T) TE LA(RES) RECEDANT

Me había aprendido la frase de memoria, pero una vez allí, con todos los nervios, se me había olvidado completamente. Menos mal que estaba escrita en la pared y eso me ha permitido recitarla. «Puerta romana, los que te hacen que regresen a tu patria», no hago más que repetirme para mis adentros. Espero que todo esto funcione.

Si hubiese solo una persona en la plaza de la Magdalena en este momento vería a cinco jóvenes que gritan unas palabras y, de pronto, se echan a correr a toda velocidad hacia la calle Mayor. Pensaría que estamos locos… y no es para menos.

Notamos por detrás que el sol está saliendo. Empieza a iluminar la parte alta de los edificios. La luz sigue bajando. Vamos corriendo a toda velocidad. Elsa va la primera y está demostrando su fortaleza física. Samuel es el más retardado. A duras penas consigue llegar al ritmo del grupo.

Habíamos hablado varias veces que cuando hiciéramos eso tendríamos que tener mucho cuidado en el cruce de la calle San Vicente de Paul. Así que, al llegar al semáforo, aunque no queramos, nos paramos los cuatro en seco. No dejan de pasar coches. Casi nos chocamos unos con otros. Esperamos a Samuel. Justo se pone en rojo. Vemos que vienen varios coches y un autobús. Seguimos parados.

—¡Oh! ¡Madre mía! No vamos a llegar —dice Sofía mirando hacia atrás y señalando cómo baja la luz del sol sobre el edificio.

Cuando por fin se pone verde el semáforo, y confirmando que no viene nadie de improviso, cruzamos corriendo. Ya enfilamos la calle Mayor a toda velocidad. A Samuel, las palabras de Sofía le han debido de hacer efecto porque ahora va el segundo, detrás de Elsa.

—¡Rápido! —grito hacia atrás cuando me giro y veo que Sofía se ha quedado un poco más rezagada.

La situación empieza a ser muy tensa. El sol está bajando. Pronto iluminará el cruce y, si no llegamos a la hora, perderemos la oportunidad. De pronto se oye un grito:

—¡Aaayy!

Me giro de nuevo. Veo a Sofía en el suelo. Está un par de metros por delante de un señor que también está en el suelo. Cuando acababa de pasar por ese portal vi que había una persona limpiando. Supongo que se habrá caído desequilibrado como el resto, con tan mala suerte que Sofía se ha tropezado en él. Está en el suelo dolorida.

—¿Qué te pasa? ¿Cómo estás? —decimos Erik y yo, que nos acercamos corriendo a ella mientras la ayudamos a levantarse.

Sofía está llorando. Se ha hecho una herida en la mano que le sangra. La cara la tiene magullada. Nos mira a todos y hacia atrás, cómo las luces del sol están bajando. Nos grita entre histeria y miedo:

—¡Seguid vosotros solos! Yo no puedo.

CAPÍTULO 39

Viernes, 23 de diciembre de 2016
Hora: segundos antes del amanecer

Sofía

¡Ay! Que daño me he hecho. No he visto al señor que justo se desplomaba delante de mí. Ahora no quiero retrasar al grupo, hay que conseguirlo y quiero que sigan. Esto no puede fracasar por mi culpa. Nunca me lo perdonaría.

—¡No te vamos a dejar aquí! —me grita Erik mientras entre él y David me ayudan.

Elsa y Samuel se han vuelto atrás para saber lo que sucede.

—Olvidadme, seguid vosotros —vuelvo a insistir gritando.

—¡Ni hablar! —dice David, y dando instrucciones se gira hacia Erik—: Tú eres el que tiene que abrir el portal con la música. ¡Corre! Ve tú delante, nosotros vamos detrás con Sofía.

Ninguno le llevamos la contraria porque tiene razón. El tiempo que Erik necesite para abrir el portal es la diferencia de tiempo para que lleguemos nosotros… siempre que yo pueda correr.

Erik retoma la carrera, pero antes se agacha para darme un beso. Samuel me mira con ternura y me enseña el puño cerrado con el pulgar hacia arriba. Le sonrío como puedo y trato de incorporarme.

Elsa corre delante de nosotros para confirmar y evitar que no vuelva a haber obstáculos delante. Consigo ponerme en pie y empiezo a correr con mucho dolor. Lo puedo aguantar. Lo aguantaré.

Veo a lo lejos que hay un hombre en el cruce que se ha quedado mirándonos. El sol ya está casi llegando al cruce y Erik termina de correr los últimos metros que le quedan mientras va sacando la dulzaina. David me coge de la mano para ayudarme a correr y seguimos los dos. De pronto me toco el pantalón. Me he hecho un agujero con la caída. Lo vuelvo a tocar. No noto lo que busco. Estoy muy nerviosa. Mientras corro agarrada de la mano de David giro la cabeza hacia atrás y, a lo lejos, en el suelo donde me he caído, distingo la figurita de la cabeza del dios Jano que me dio Nicola anoche. ¡No puedo parar a recogerla! Sigo corriendo con mucho dolor mirando hacia atrás. ¡Joder! Me entra un sentimiento de miedo cuando veo que el señor con el que me he tropezado la ha cogido y se la guarda en un bolsillo mientras reconozco que su cara me resulta familiar. De pronto me sonríe maliciosamente y casi me entran ganas de vomitar. Es el guarda del museo que agarró a Elsa del brazo y nos ha estado siguiendo. ¿Qué hago? ¡Oh, qué dolor!

—¡Vamos! ¡Vamos! —me grita David para que mire hacia delante y corra con él.

Me olvido del hombre. Me concentro en el objetivo de nuevo. Veo a lo lejos la veleta del edifico de la esquina entre las calles Mayor y Don Jaime. Está totalmente iluminada por el sol. La luz refleja en ese color metálico que hemos visto en los últimos días. ¡No vamos a llegar! Sigo corriendo de la mano de David. No puedo olvidar al hombre de atrás. Pero sigo adelante. No quiero mirar de nuevo.

Erik está preparado con la dulzaina y grita:

—¿Es la hora?

Como no llevamos nada, ni siquiera el reloj, no podemos verlo. Pero en ese momento los primeros rayos de sol iluminan el cruce y un grito unánime de los tres se oye en todo el cruce:

—¡Sí!

Erik empieza a hacer sonar la música que se había aprendido de memoria la noche anterior. El resto nos paramos a su alrededor y lo miramos. Las pocas personas que pasaban en ese momento se quedan quietos, atentos. Justo cuando llega al final de la melodía, comienzan a aparecer una serie de ráfagas de luces provenientes del centro del cruce y el viento sopla con más fuerza. A medida que Erik toca la música, las luces se hacen más luminosas y el viento se intensifica. Él mira mientras sigue tocando, el resto no dejamos de observar al centro y, entre miedo y admiración, comenzamos a cambiar la posición para prepararnos para el salto.

Cuando Erik deja de tocar el instrumento, se abre en el propio espacio entre las calles un portal hacia el vacío, y, sin pensarlo, Elsa salta y desaparece en el interior. Samuel le sigue con una agilidad nunca vista en él. Erik me mira, también a David y este le hace señas para que salte delante de mí. David se quiere quedar el último para ayudarme. Rápidamente salta Erik, y cuando yo voy a hacer lo propio todavía agarrada a la mano de David, tengo como un pinchazo fuerte en el corazón. Algo ha ocurrido que no puedo controlar. Miro hacia atrás y veo que David se está desmayando, se está desequilibrando:

—¡Noooooooo! —Me sale el sonido desde lo más profundo de mi alma mientras trato de alcanzar a David con el brazo estirado, pero lo veo a lo lejos desmayado en el suelo y me sumerjo en la oscuridad.

La naturaleza guarda un gran misterio celosamente guardado
por sus custodios de aquellos que quieren profanarla o abusar de su sabiduría.
Periódicamente porciones de su tradición son poco a poco reveladas a aquellos de la humanidad quienes han tenido atentos sus ojos para ver y sus oídos para oír.
Los primeros requisitos son actitud receptiva, sensibilidad, entusiasmo y formalidad para entender el más profundo significado de las maravillas que nos exhibe la naturaleza cada día.
Muchos de nosotros tendemos a caminar a través de la vida medio dormidos, a veces paralizados, si no realmente torpes para ver el orden exquisito que nos rodea. Pero una senda de pistas se ha preservado.
Scott Olsen
The Golden Section (2006)

Glosario

Aragón: Comunidad autónoma en el noreste de España, al sur de Francia. Una comunidad autónoma es similar a un estado de Australia o Estados Unidos, con su propia capital administrativa.

Augustus: También conocido como Caesar Augustus, el primer emperador de Roma. Nació en el año 63 a. C. como Gaius Octavius. Era el sobrino mayor de Julius Ceasear quien lo nombró como su heredero. A la muerte de su tío, fundó el *Principate* que llevó a la creación del Imperio romano, haciéndole así mismo el *Princeps Civitatis* o el «Primer ciudadano del Estado». Conquistó el norte de la península ibérica el año 19 a. C., y fundó la ciudad de Caesaraugusta poco tiempo después.

Caesaraugusta: Ciudad fundada por Caesar Augustus, y posteriormente denominada Zaragoza.

Cierzo: Fuerte, seco y frío viento que sopla desde el norte de España, específicamente a lo largo del valle del río Ebro y a lo largo de las comunidades autónomas de Aragón, Navarra y La Rioja.

Dulzaina: Instrumento de lengüeta de la familia del oboe que se toca principalmente en España. Fue introducido inicialmente por la cultura árabe y actualmente se usa como instrumento musical tradicional español y se toca en muchas fiestas locales.

Ebro: Es el segundo río más largo de la península ibérica. Nace en Fontibre, en las montañas de Cantabria. Fluye de oeste a este a lo largo del norte del país y atravesando muchas ciudades, una de ellas Zaragoza. Desemboca en el mar Mediterráneo.

Fibonacci:	Matemático italiano. Su nombre de nacimiento era Leonardo Pisano Bonacci. Nació en Pisa (Italia) sobre del año 1175 y murió sobre 1250. Llegó a ser conocido como Fibonacci, proveniente del latín *Filius Bonacci*, que significa «hijo de Bonacci». Mientras vivió en el norte de África, donde su padre trabajaba como oficial de aduana, Fibonacci estudió aritmética usando el sistema numérico indoarábigo, el que usamos actualmente junto con el sistema decimal en Europa. Esto reemplazó los números romanos que se habían estado utilizando hasta entonces.
Mudéjar:	Estilo arquitectónico y decorativo desarrollado en España y Portugal, particularmente en Aragón y Castilla. Procede de la cultura islámica medieval.
Tapas:	Aperitivos o *snacks* servidos en muchos bares de España que acompañan a las bebidas. Se pueden encontrar frías o calientes. Muchos restaurantes ofrecen tapas en sus menús junto con la oferta usual de platos a la carta.
Zaragoza:	La mayor ciudad y capital administrativa de Aragón. Fundada por el emperador Caesar Augustus, a la que le puso su nombre, *Caesaraugusta*. Esta denominación se cambió después por la cultura árabe por la de Zaragoza.

BIBLIOGRAFÍA

- La idea principal de la historia surgió de la página web del Plan Director de la Ciudad de Zaragoza:
  - http://www.zaragoza.es/contenidos/medioambi ente/Huerva/D5Analisis.pdf [accedido el 21.06.2014]. Mucha información, y sobre todo los planos, provienen de esa fuente de información pública.
- La segunda idea que permitió construir la historia se basó en
  - **Cuartero, Raquel y Bolea, Chusé** (2014), Antiguas Puertas de Zaragoza. Institución Fernando el Católico.
  - **Cantó, Alicia M.,** trabajo publicado en internet:
    - http://www.academia.edu/1159116/La _Porta_Romana_y_los_Lares_de_Caes araugusta [accedido el 21.06.2014].
  - **Castán, María Pilar** (2013), La ciudad de Zaragoza, Nomenclátor, 1808. Institución Fernando el Católico.
- Para los conceptos de geometría sagrada, las fuentes principales de información fueron los libros:
  - **Olsen, Scott** (2009), The Golden Section. Wooden Boks Ltd.
  - **Lawlor, Robert** (1982), Sacred Geometry. Philosophy & Practice. Thames & Hudson.
  - **Zatón, Jesús** (2015), GEOMETRÍA SAGRADA. Bases naturales, científicas y pitagóricas. Fundación Rosacruz.
- Dentro de la bibliografía utilizada para los temas históricos destacan los libros:
  - **Hirst, John** (2009), The shortest History of Europe. Old Street Publishing Ltd.

- **Goldsworthy, Adrian** (2014), <u>AUGUSTO. De revolucionario a emperador</u>. La Esfera de los Libros, S. L.

www.ingramcontent.com/pod-product-compliance
Lightning Source LLC
Chambersburg PA
CBHW030821090426
42737CB00009B/823